少年厌学

青少年心理专家
和12个少年的深度对话

陈瑜 著

文匯出版社

图书在版编目（CIP）数据

少年厌学：青少年心理专家和12个少年的深度对话 / 陈瑜著. -- 上海：文汇出版社，2025.1. -- ISBN 978-7-5496-4351-6

Ⅰ.G442

中国国家版本馆CIP数据核字第20241PK105号

少年厌学：青少年心理专家和12个少年的深度对话

作　　者　/　陈　瑜
责任编辑　/　徐曙蕾
特约编辑　/　祝艺菲　　刘　芬
封面设计　/　陈　晨　　王　晓
出版发行　/　文汇出版社
社　　址　/　上海市威海路755号
邮　　编　/　200041
经　　销　/　全国新华书店
印刷装订　/　三河市中晟雅豪印务有限公司
版　　次　/　2025年1月第1版
印　　次　/　2025年4月第2次印刷
开　　本　/　880mm×1230mm　　1/32
字　　数　/　220千字
印　　张　/　9.25

ISBN 978-7-5496-4351-6
定　　价　/　49.90元

侵权必究
装订质量问题，请致电010-87681002（免费更换，邮寄到付）

前　言

我常常问自己，如果我是被采访的这名学生，我会不会厌学？答案大多是：会。

过去4年多来，我深度访谈了150多名学生，他们遍及全国各地，不同年龄、不同性别、不同学习能力、不同身心状况。和他们相遇，缘起2020年年中，我在"少年大不同"公众号上开设了一个名叫"少年发声"的专栏，意图在纷扰的教育舆论场里，为孩子们搭建一个发声的平台。

为什么要让少年发声？因为我发现孩子们是教育的主体，却大多是教育议题的沉默者，这不正常，也不合理。而我相信，他们的声音，值得被听见，理当被听见。

《少年厌学》是"少年发声"系列的第三本书。之所以将"厌学"作为主题，是因为这股情绪在学生群体中存在。

就算你不是教育和心理学领域的业内人士，你可能也会有体会：自家、亲戚、朋友、同事的孩子在家待着不去上学，已不再是新鲜事；更让人揪心的是，常会听到有孩子用彻底告别这个世界的方式来寻求解脱。

主动来添加我微信、找我倾诉的学生中，超过一半处于厌学、休学、退学阶段，其中又有超过一半伴随焦虑症、抑郁症等心理问题。"累""无助"和"绝望"是被他们高频提及的状态，而在现实生活中，他们找不到可以倾吐的对象。

与此同时，家长面对的是孩子紧闭的房门和心门，当孩子对学习心生厌恶，进而对人生心生厌弃时，父母们只能干着急：我家孩子这是怎么了？这可怎么办？

在"少年发声"上百个访谈中，我筛选了12个学生厌学的典型案例，覆盖一线城市和乡镇等不同地域，其中有刚出现厌学情绪的、有因厌学而休学或退学的、有摆脱厌学情绪复学的，他们的心路历程是对"怎么了"和"怎么办"的最好回应。

此外，在"少年大不同"累积的近千个全国厌学学生咨询案例的基础上，我和团队还对这一代学生厌学的主要原因做了一些梳理和总结，归纳起来可以分三大板块、五个方面，这也正是本书的框架结构：第一板块是学业压力；第二板块是家庭关系，包含亲子关系和夫妻关系；第三板块是学校关系，包含同学关系和师生关系。

过度的学业压力

多少年之后，这一代孩子回想起自己的少年时光，除了学习，还会记得什么？

我们都知道"过度医疗"不好，但对"过度教育"却常常视之为合理，为什么？因为这么干能出成绩，在很多人看来，能出成绩就是对的。

可是，学生们承受不了了，有这么三重学业大山压得他们喘不过气来。

时间的过度挤占。白天上学、晚上写作业、双休补习，这样的生活不是过一天、一周、一个月，而是整整12年。更令人生畏的是，这12年间，发条越上越紧，把所有跟学习无关的事项纷纷抛掷出去，比如娱乐、运动、社交、休闲，最后甚至压缩睡眠。"大人们恨不得我们24小时都在学习，"很多孩子说过同样的负气话，也有孩子说着说着哭了起来，"我完全没有自己的时间。"

课业的过度繁重。从数量上看，作业多，"每个老师布置作业的时候，好像我只上他／她一门课"，初二以上年级的学生每天作业做到半夜十一二点是日常；从节奏上看，老师上课进度快，要是寒暑假不提前学或平时不抓紧补课，很可能坐在课堂里都听不懂；从形式上看，学习异化成了背诵知识点和套用公式，为了提高正确率，初三、高三全年反复刷题，力求将每个人锻造成紧扣标准答案的考试机器。

竞争的过度强调。不论是按成绩分班、排座位，还是将每次月考年级前十张榜公布在走廊最显眼的位置，都无时无刻不在提醒学生：学校是一座竞技场，你要赢过别人；不进则退，你随时有可能惨遭淘汰。有一位分管教学的副校长是这么做初三中考动员的："从今天起，坐在你身边的同学不再是你的同学，他们是你中考考场上的敌人。"

当前的状况是，就算付出了这一切，也不是谁都能得偿所愿，而比这更加残酷的是，在求学过程中，太多孩子丧失了对学习的兴趣、对自我的信心和对人生的意义感，这些不可量化的沉没成本对一个人的一生会造成不可估量的负面影响。

冲突的亲子关系

面对同样的教育环境，并非每个学生都厌学，差别在哪里？在我看来，最大的变量是父母——父母能不能倾听和理解孩子？能不能给予孩子学习上和心理上的有力支持？

遗憾的是，我看到"内卷"的态势像一个黑洞，吸走了很多父母的理智，他们看不见自己的孩子，也给不了孩子所需的帮助，却成了孩子内耗的最大根源。有时候，孩子们厌恶的可能不是学习本身，而是与学习相伴的恶化的亲子关系。

拆解开来，孩子们的不满集中在三个方面。

不能认同家长的教育理念：家长将学习功利化，固守"读书改变命运"的执念，只看重成绩，不顾现实，不看未来。

不能消化家长的失控情绪：对于学习中的大小问题，不少家长存在弥漫性的焦虑，时不时爆发，出手打人、出口伤人，意识不到危害，拒绝改变。

不能接受家长的管理行为：家长的高期待加上全方位控制，剥夺了孩子的学习自主性，孩子一切都要听从父母的安排，只能过"二手人生"。

这样的亲子关系会换来孩子的"三低"：低能量、低自尊、低效率。他们要么拨出很大一部分心力去抗争，争取为自己而活的权益，要么"习得性无助"地"躺平"，"算了，我投降"。没有一个方向有助于学业精进。

有孩子问："爸爸妈妈，如果我只能是一个普通孩子，我还应该来到这个世界吗？"这问题问得让人心疼。我们究竟是爱孩子，还是爱孩子带回来的满分试卷？父母们的表现，常常令孩子们怀疑。

当成绩不好的学生被各种惩戒，如果父母也加入惩戒的队伍，那孩子的生存空间将变得更加逼仄，退无可退。孩子们需要的是什么？是一个任何时刻都能托住他的大后方。

紧张的夫妻关系

"我的父母就像两个被迫住在同一病房的病人，一个缺胳膊，一个少腿，互相不对付。"这段冷峻的概括，是一个孩子发给我的，用来形容她父母的关系。

把夫妻关系搞得一团糟的父母，他们到底有啥"病"？在孩子们的讲述中，我发现：

好些父母的人格是不健全的，你听了会想，怎么可以这么做人?!

好些父母的沟通方式是没有技巧的，你听了会想，怎么可以这么说话?!

好些父母处理问题是没有章法的，你听了会想，怎么可以这么做事?!

婚姻是两个成熟的人玩的游戏，比较麻烦的是，正像很多孩子所述，"我的妈妈没有长大""我的爸爸其实很幼稚"，他们在一起组建的家，难免血雨腥风。

在这样的家庭氛围中，孩子们通常会被这样一些情绪所吞没：

当看到生命中最挚爱的双亲互相攻击伤害时，孩子会恐惧；

当家庭成员之间完全没有爱的流淌，整个家就如冰窖般寒意刺骨，孩子会压抑；

当意识到父母的婚姻随时可能解体，这个家面临分崩离析的危险，孩子会担忧；

当父母说"如果不是因为你，我们早离婚了"，孩子会愧疚。

最令人喟叹的是，不少孩子会用自我牺牲的方式去黏合父母的夫妻关系，比如把自己整得抑郁休学，这下爸爸妈妈就有机会团结一致、展开合作了——这是疾病的获益，孩子潜意识里甚至不让自己好起来。

装着这些情绪垃圾的孩子无心向学，你说这是谁的责任？

什么是最好的家庭教育？和睦的夫妻关系当是题中应有之义，它是比亲子关系更为底层的关系，是家庭的基石。基石有多坚固，孩子的学习状态就有多么心无旁骛。

难处的同学关系

不愿去上学，不一定是因为学业问题，很可能是因为在学校没有朋友。我在访谈和咨询一线能强烈地感受到，受同学关系困扰而厌学的孩子越来越多，到了不容忽视的程度。

相较于学习，父母对孩子交友问题是不太在意的，"你去学校主要是为了学习，有没有朋友无所谓""你现在交不到朋友没关系，好好学习，以后去了更好的学校就有朋友了""别人为什么排挤你不排挤别人？你是不是应该从自己身上找找原因？""人家欺负你，你就躲远点，别惹人家就是了"……

这些劝告，没有一条有价值，只会让孩子感觉不被理解，更加孤立无援。

来，想象一下，如果你一天10个小时在校都是形单影只，吃饭时一个人坐，上课分组常常被落下，下课没人聊天只好假装看书把时间熬过去，节假日也不会有玩乐邀约……在这个班级里，你会不会难过？如果再叠加更严重的校园霸凌，你会不会想逃？有孩子说："我踏不进那间教室，坐在里面的每一分钟都很孤独，度日如年。"

现在的孩子交朋友怎么变得那么难？原因有很多：从小以学业为重，缺乏群体活动，没有发展出良好的社交能力；复刻了父母的人际交往模式，不知道如何处理冲突；同学之间的恶性竞争破坏了社交心态，害怕付出真心，总是有所戒备；认知水平和兴趣爱好不同，找不到可以真正交心的朋友；在虚拟网络世界游刃有余，一到现实世界面对活人，就瞬间自闭……

这些原因累积起来，会让人在社交中受挫，而社交受挫会影响身心状态，身心状态又会影响学业表现，发展到后来会让孩子走向休学甚至退学。

所以，当孩子回家抱怨"我在学校没有朋友"，请千万要接收到这条求助信号。

对抗的师生关系

另一条不容忽视的危机信号，是孩子吐槽老师。

他们会在家里有意无意地吐槽老师的教学水平、管理方式、品行问题。家长的第一反应通常是"你怎么可以这么说老师？""老师有老师的道理""老师有老师的难处""老师都是为了你们好"……表面上是维护所谓的"师道尊严"，根本上是要消弭孩子对老师的反感，让孩子好好读书。

我想说，请家长在孩子吐槽老师不好的时候，多问一句：

"孩子，怎么了？跟我说说，发生了什么？"

这些年，我看了太多师源性伤害导致孩子厌学的案例，有老师让孩子跪着上课，并鼓动其他同学嘲笑他；有孩子向我们咨询师吐露，班主任当着全班同学的面指责他，"你这么蠢，不配当我的学生"，这句话击溃了他，让他休学在家长达2年；更有学生长期遭受老师打骂，数量之多远超我想象。

不要怪这代孩子脆弱，实际上他们是一代新人，更讲求公正、平等，更看重真实、良善，为了捍卫尊严，他们是不怕玉石俱焚的。

于是我们会看到，当学生讨厌老师，他会放弃这个老师教的这门学科，上课不听，作业不做，考试乱涂。渐渐地，这样的对抗会影响孩子整个学习状态，其他学科的分数也会跟着滑坡。

这时候家长急了，一心要把孩子的成绩重新搞上去，殊不知对孩子而言，他更希望家长挺身而出，为自己讨个公道。这个心结不打开，谈什么学习！

这年头，教师这一群体也背负着巨大的压力，一举一动都被用"卡尺"来测量、来考核，但无论如何，真心希望老师们懂教育、爱孩子，我也相信，这样的老师依然是主体。

在本书中，透过孩子们的讲述，你将能清楚地看到这些因素如何交织在一起互相催化，进而意识到厌学不是学生个体的问题，而是家庭、学校、社会整个生态系统的问题。

"我为什么要上学？"越来越多的孩子在叩问。当学习无法给孩子带来过程中的愉悦感和目标上的意义感，当教育无法有力地应对充满不确定性的未来，那么，我们该如何回应孩子的叩问？

厌学，从来不是什么自我放弃的"躺平"，在这些情绪和行为的背后，我看到孩子们在启动自我探索。

陈　瑜

2024年秋

目 录

一、学业压力

01 "从刷手机至凌晨3点,到复学后主动学习,是什么改变了我?"
宇骋／男生／高一／上海学生,北京就读　　003

采访手记 厌学五大阶段,孩子需要父母的托举和兜底　　031

02 "高考是普通人上升最公平的渠道,但这滋味确实不好受"
林青／女生／高一／辽宁　　039

采访手记 不要成为孩子的增压泵,而要当好他们的减压阀　　051

03 "'躺'不平又'卷'不动的我不知道该怎么办!"
小G／男生／高二／上海　　055

采访手记 找到学业"卡顿点",助力孩子摆脱"内耗"　　074

04 "上学的每一天我都度日如年,一直在自救,硬撑过高考……"
乔一／女生／大三／陕西　　077

采访手记 千万不要让孩子把成绩与自身价值画上等号　　101

i

二、家庭关系

05 "我现在像生活在监狱,过不下去了……"
星河／女生／五升六／福建　　　　　　　　　　109

采访手记　过度聚焦孩子的家长,请让全家人都喘口气,包括自己　129

06 "我让父母去看精神科,最后却是我被抓进了
　　'改造机构'……"
Y／女生／高三休学／上海　　　　　　　　　　131

采访手记　父母情绪不稳定? 给孩子的三点自救建议　　153

07 "我是一个被父母和高考逼疯、抑郁的
　　'00后'……"
Aurora／男生／高三／河南　　　　　　　　　　155

采访手记　把孩子养亲了,再来谈教育　　　　　　　182

08 "爸爸出轨四次,妈妈让我去直面小三的挑衅,
　　心好累……"
君君／女生／初二／广东　　　　　　　　　　　185

采访手记　请让孩子安心做一个孩子　　　　　　　200

三、学校关系

09	"我又受到校园霸凌了,甚至连学校都不敢去……"	
	娟 / 女生 / 初二 / 某西部省区	205
采访手记	面对霸凌,谁都不要沉默	221
10	"我考20多分,他们嘲讽我,拿着我的卷子给全班同学看……"	
	路过人间 / 女生 / 休学在家8年 / 北京	223
采访手记	给有学习困难的孩子双倍的爱	244
11	"上学让我有压迫感,走进教室就感觉噩梦要开始了……"	
	小卓 / 女生 / 初一 / 浙江	247
采访手记	孩子在学校的人际关系出了问题,我们可以从家庭入手	259
12	"我被班主任扇耳光,她不承认,还说我谎话连篇……"	
	小琳 / 男生 / 初三 / 湖南	261
采访手记	永远选择与孩子并肩	277
	后 记	278

一
学业压力

01
"从刷手机至凌晨3点,到复学后主动学习,是什么改变了我?"

宇骋/男生/高一/上海学生,北京就读

概述: 严苛的自律和盲目的攀比,让顶级学霸深陷焦虑,继而沉迷手机,被迫休学。

每个地区都会有头部学校,有的是一所,有的是一个梯队。上海的重点高中有"四校八大"的说法,其中排在前列的"四校"是所有学霸都虎视眈眈的目标。

宇骋就读的小学、初中比较"佛系",不是世俗意义上的"卷"校,但一直保持年级第一的他,最终凭借实力和努力考进了"四校"中的一所。不过高一还没有读完,他就被内心的争斗折磨得休学了。

这一代的孩子,太多在问:我是谁?读书的意义是什么?人生的意义是什么?如果你不知道怎么回应孩子这些问题,那么看看宇骋的探索历程,这是一个孩子寻找自我、寻找意义、重燃学习动力的故事……

- 1 -

宇骋　"四校"的概念，是被其他人在我心中树立起来的。
　　我记得在我上幼儿园或小学的时候，爸妈就聊"四校八大"中我未来能考上哪个，我妈说顶多"八大"吧。当时已经听到有这么个东西，虽然搞不懂是啥。后来我发现自己学习不错，老师也在跟我说"四校八大"有多么好。就这样，感觉"四校"是在他人的描绘当中浮现出来的，我其实也没问过自己为什么一定要报。
　　我当时对中小学走高考路线还是走出国路线没什么概念，说实话，我当时走高考路线，大部分的原因就是这条路线有名校，想着大家听到我去"四校"，会不会都觉得我很厉害？出国路线的学校感觉不是很难进，听上去也没有很"高大上"。心中肯定有个很大的声音在这么说。

陈瑜　有小小的虚荣心，觉得去"四校"是很有面子的一件事？
宇骋　对。

陈瑜　但真要考进"四校"可不容易，中考考出这样的成绩，对你来说也需要花很大的力气去准备吧？

宇骋　现在回想，实际上我可能不用付出特别大的努力，但当时学校不断强调的是要非常细致、尽可能地细致，每道题都要确保差不多做对，粗心做错的题目是最不值得的，所以我当时心会很慌。

要说知识点的话，其实基本上也都掌握了，只是最后一直在刷题，想各种办法让自己心不那么慌。比如老师说做题型整理、解题秘籍，初三最后几个月我们就在搞这些东西。但这些解题秘籍做完一遍后，我也不会去看，就是图个心安，觉得自己做好了准备，再踏上考场的时候心态就会更好一点。

我觉得最后这一段时间的备考冲刺，我可能已经达到95%了，但是要在最后阶段再提5%，其实性价比不太高，但没了这5%，可能就会跟"四校"失之交臂。所以我当时也挺矛盾的，确实度过了一段挺累人的日子，主要是心理的煎熬，至于说学业上的话，该会的都会了。

当时还在家里上网课，明明都已经会到"烂"的知识点，我会因为不听网课就开始疯狂焦虑，开始指责自己。当时感觉定死了"四校"，定死了特别难的一个目标，然后就开始近乎完美地要求自己，可又做不到，每天活得特别焦虑。

陈瑜　嗯，因为中考要考到这样的目标学校，就是需要你做到滴水不漏、做到百分百。

宇骋　对，其实我觉得没有必要，其实很多时候没必要对最后这一点点吹毛求疵，但是中考就是个考试啊，评判标准就只有这么一条，大家也都在这条路上走，所以要变强只能做到滴水不漏。

刷题可能对我来说还好，但是错了一道，我可能就会陷入焦虑，或者刷到哪一道我对了，但没有完全搞懂为什么对，我也会陷入焦虑，就感觉这些东西很有可能在考场上出现，到时候如果碰到了，我就肯定会做错，我就会慌，这种心态一直在折磨着我。

陈瑜 这样的焦虑情绪有躯体表现吗？
宇骋 当时其实还算少，有时候晚上我会找我妈哭诉，陷入一种很矛盾的状态，可能因为年轻人确实自控力不好，在家里上网课就是会看东看西，看完后心里又酸又沉，被那种愧疚感给包裹住了。

- 2 -

陈瑜 拼过中考，成绩应该算是满意的吧？
宇骋 还算满意，当时还挺高兴的，但是后来听说班里有个人考分比我高，我就不太高兴了。

陈瑜 他平时成绩没有你好吗？
宇骋 对。

陈瑜 8月去高中报到，那时候是什么样的心情？
宇骋 其实我高兴的时间只有录取的那一天，之后都是挺焦虑的。

我就想，我到那儿肯定"菜"，我是从一个外人眼中的"佛系"学校接受快乐教育上来的，其他人都从小"卷"到大，我拿什么跟他们比？因为有这种心态，所以我在入校前就很焦虑。

之前学校举办了个自主招生（后简称自招），我也去考了，结果两眼一抹黑，啥也不会。他们可能都是准备了好久的，从小学或者初中就开始"卷"自招，确实不一样，我其实也没什么办法。

学校根据自招成绩分班，我进的是平行班。我当时可能心里一直就挂念着分班的失利，每次看到实验班的人就会有竞争欲，我凭什么比你们差？我一定要比你们好！就是这种心理。进入学校之后，一开始的考试也没考得特别好，然后更焦虑了，会对父母发泄情绪，在家里写作业的时候也很焦虑。

陈瑜 小学、初中都是年级第一，进入高中强手如林，成绩不再是顶尖了，你自己心态上会有很大的失落吗？

宇骋 嗯，但是后来期中考试成绩又好起来了，我也不知道为什么，可能就是我脑子比较好吧，考了个全班第二，感觉找回了自信心。所以，经过最初一段时间对高中学习模式的不适应后，我很快就调整回来了。

但是我还是会一直鞭策自己，会跟自己说：在平行班数一数二，你骄傲什么？你前面不是还有100多个人，还有一堆实验班的人没超过吗？再想着全班第三离我多远，全班第一在我前面，这样一直给自己心理施加压力，看着在我后面的同学，感觉他们都虎视眈眈想要冲上来的样子。所以当时我对自己的要求特别高，无止境地高。

我就很矛盾,像弗洛伊德说的,每个人都有一个"本我"和一个"超我"。我的"本我"每天得意忘形地说:"到这个高中我还是全班第二,还这么好的成绩,我哪儿哪儿都好,我脑子特别好使,我棒极了。"然后我的"超我"说:"我烂透了,我前面还有一大堆人,我凭啥骄傲。"我的"本我"和"超我"每天都在走极端,所以我当时处在一个很矛盾的状态,在两种状态当中反复横跳。

陈瑜 你当时有办法去平衡吗?

宇骋 没有,如果有的话,可能我就会留在学校了。

陈瑜 被这样两股力量夹击,整个人是什么状态?

宇骋 高一第一学期结束放寒假,当时因为疫情,期末考试放到了第二学期开学考。寒假最后两个礼拜,我就又陷入那种焦虑状态,一方面是因为考试临近了,另一方面确实可能有一些情绪从小到大一直被压抑在那儿,然后在一个学习竞争比以前更强的环境中就凸显了出来。

寒假那段时间,我的状态特别不对,我会报复性地刷视频,拿起手机一刷就是一个半小时,放下后就感觉浑身都被那种罪恶感、愧疚感给包裹着,可能连续几个小时啥也不想做,做也沉不下心,就是这么一个恶性循环。

陈瑜 你刚才提到从小到大被压抑的情绪爆发,那是指什么?是什么情绪爆发出来后,会让你在寒假这样疯狂地去刷视频?

宇骋 我可以引用一下一个老师跟我提过的话,他问我:"你小时候有没有那种父母让你去玩一个什么东西,你可能一直玩,

一、学业压力 009

玩到腻了后就不玩了，然后你长大了也不会去碰它？"

比如说玩泥巴，如果能一直坐在那儿玩，我可能玩腻了，长大后也不会想玩泥巴。但是我的状况是我玩泥巴，我妈走过来告诉我说"这泥巴不好，你不要玩"，我可能又是个比较乖的孩子，我听了。然后我妈就开始鼓励我，让我觉得听我妈的话是一种特别好的模式，然后让我更加不要玩。但是，一方面我是一个小孩，玩泥巴可能是我的天性；另一方面我在很小的时候就开始约束自我，父母说不好的事我要自己去控制，所以这就在我心中产生了矛盾。

手机的使用也是。我记得小时候有一次玩手机，玩到晚上睡不着了，就很难受。然后我妈跟我说："你这种难受是对的，因为玩手机，你有罪恶感了。"之后，我每次玩手机就像条件反射一样，都不用别人说，我心里就会骂自己。

像别的小孩，他们都是跟父母在那儿斗智斗勇，千方百计地去偷手机过来玩，我则是很乖地把手机给我妈。但是我有时候又没法控制住自己，特别是在青春期的时候，我自控力没那么强，所以就形成了一种很矛盾的状态。

陈瑜　这好像挺吻合你刚才说的"本我"和"超我"的斗争，"本我"的部分其实非常想放纵自己玩一玩，玩得开心、玩得爽，但立刻会有一个"超我"的声音说，你这样浪费时间、浪费生命，就是不好的，就是罪恶的。

宇骋　对。

陈瑜　你指责自己的声音，是不是也是成人声音的内化？

宇骋　对，我觉得就是内化了，因为我从小就是乖孩子，所以我可能自动把很多大人的声音都内化到我心里了。父母可能说一遍我就听了，我遵守他们的方式，自己在心里提醒自己，可以说是被内化了。

陈瑜 还有你比来比去的意识，是不是也受到成人的影响？
宇骋 是啊。我初中第一次考试，考了个年级第二，高高兴兴地说我怎么考这么好，我妈妈说："你这个初中是什么学校？你在这儿不应该拿第一吗？"类似的话会影响我。

陈瑜 这很像在高中，你在平行班考了第二，你就会立刻说，看，前面还有那么多实验班的人。
宇骋 对对，说得太对了，确实很像。第二学期开学之后，因为其他同学在寒假都比较"摆烂"，我相对来说比他们要努力一点，所以我侥幸拿了个全班第一。但是当时我就说："你考全班第一有什么用？你年级排名反而降了个五六名！你不努力。"就又有这么一个声音让我不要放松。非常病态，但是在当时的我看来这非常正常。

我们年级有一个人提前被清华预录了，但是他不去，他要考北大，他16岁就去高考了。然后，我会把自己跟这种人比，我很难想象我当时是怎么想的，但是我确实就在这么干。

陈瑜 班级的氛围和寝室的氛围都会让你觉得很有压力吗？
宇骋 我觉得这种压力更多是我内化给自己的，我的同学其实很多都是很好的，但是我会盲目地跟他们攀比。

比如说我的一个同学，他就是喜欢化学，拿本厚厚的《有机化学》在那儿翻，他觉得很休闲、很开心。但是我看到

一、学业压力　011

他翻，我就不爽了，我们还有几个学期才学到有机化学，你凭什么那么早预习？我就会有这种想法。所以我觉得真的不怪他们，很多时候确实是我在折磨自己，跟自己过不去。

陈瑜 你在找很多的比较对象，当他们在某一个点上让你觉得他们比你快、比你早、比你好，你就受不了。

宇骋 嗯，我受不了，我也不会去追他们，我就是在心里受不了。

陈瑜 受不了是什么感觉？

宇骋 就是看到了心烦，就一阵情绪，心里就涌起来一种焦虑和烦躁，持续时间不会特别长，其实你也能听得出来，我经常会有这种盲目攀比的时候。

陈瑜 所以你的情绪其实一直处于相对比较焦虑和烦躁的状态里。

宇骋 嗯。

- 3 -

宇骋 其实我在寒假就已经开始看心理医生了，看了几次，但开学后，我在学校的状态奇迹般地都还挺好。晚自习结束后，9:10回到寝室，我跟自己说应该多学学，可实际上在教室"卷"完一天后回寝室就想看手机。我看手机后心情就会不好，又开始指责自己；指责自己后又通过看手机来让自己的情绪好受一点……就这么循环，有时候可能到夜里两三点。一周得有这么一两天或者两周得有这么一两天，就刷手机到很晚。我周末回家会在周五或周六把大部分作业做完，但奇怪的是，一定要剩一两样作业拖到周日晚上最后做，然后其他时间都被我用在"摆烂"上。

其实我也说不清楚当时为什么这么做，可能就是身体在提醒自己，说我绷得太紧了。

陈瑜 你那个时候刷手机都在刷什么呢？

宇骋 短视频嘛，短视频确实成瘾啊，它就是"短平快"地给我大脑刺激，让我一个接一个地往下刷。

陈瑜 你爸妈看在眼里肯定很着急吧？

宇骋 我从寒假开始精神状态就不好了，所以他们也没说什么，好像冥冥之中也感觉到我撑不了多久了。

记得有一天，我凌晨3点在学校的厕所里哭着给我妈打电话，说我看手机看到3点，我怎么办？我该怎么办？我是不是毁了？

陈瑜 听起来有点崩溃了是吧？

宇骋 对啊，我刷手机刷到凌晨3点，早上6:30就要起来了。

陈瑜 看手机看到那么晚，是睡不着了所以看，还是看了让你睡不着？

宇骋 看了让我睡不着啊！

陈瑜 你到了点，比如说12点了，你用意志力说我把它放下，放不下吗？

宇骋	当时确实放不下,我真不知道为什么,它也不像是成瘾性,就是一种焦虑的情绪不让我放下来,因为我等于是在用手机麻痹自己,让自己不那么焦虑。
陈瑜	可能现实的情境一直让你觉得焦虑,但是你在刷视频的时候能放松一些,会让你觉得有一些逃避的空间可以进去?
宇骋	对呀,是的,我觉得这么说很合理。
陈瑜	你打电话给妈妈,也算是求助吧?
宇骋	算求助吧,我肯定是想找个人说一说,我当时真的太难受了。
陈瑜	你妈妈怎么说?
宇骋	其实我在中考那会儿,每次找她倾诉,她就一直用一种命令的语气,告诉我应该怎么做。我当时在倾诉这方面受到了很大的挫折,没人倾诉。但是那一次,我记得她在听我说,没有做过多的评价,没有过多的命令,很耐心地当了聆听者,然后安慰我,安抚我的情绪。 很多时候,其实我们自己心里是知道该怎么做的,我们需要有个人帮我们厘清思路。
陈瑜	你知道自己该怎么做?
宇骋	睡觉嘛,我知道,但我乱得很,所以我得先找一个人说,我难受。她当时采用一种比较接纳的方式来回答,如果她当时还是命令、指责我的话,我都不敢想象我会怎么样。
陈瑜	你妈妈那一次为什么会有那么大的改变?

宇骋　因为我从寒假开始精神状态就不对了,所以她可能早就有预感了。

-4-

宇骋　后面我就休学了,差不多是在期中考试前一个月。我当时生病了,有一周没去上课。我在家里觉得,哇,太舒服了!因为我生病,所以我的"超我"不会来拷问我,我就享受自己在家里每天"摆烂"也不会愧疚的感觉,太爽了!
之后回学校不到一周,我就真的一点不想上学了。
我记得又是一个周日,我又有作业拖着没写完,马上要离开家前往学校了,我说我不要去学校了,一点都不要,我不要,就一直在那儿说。
我父母没有特别大的反应,因为我一整个学期的精神状态越来越不好,他们就说:"好,我们接受。"

陈瑜　仿佛这一天总会到来的感觉。
宇骋　对。当然直到那天为止,我学习上还是一直都挺好的。

陈瑜　学习成绩一直还是不错的,那让你真正决定说我真的不要去学校了,最核心、最关键的原因是什么?
宇骋　我觉得我当时休学有点意气用事,就是情绪上来了,然后说我实在不想去了。我之前每周日都会有情绪,可能就是一种烦躁、焦虑的积累,越积累越多,越积累越多,最后终于爆发,才说"我不要去了"。

陈瑜　你烦学校，你烦去上学，你烦的是什么？

宇骋　可能有一个"超我"一直在拷问我，搞得我心里很难受。它之所以在拷问我，是因为有升学、有高考这么大的压力，有身边的同学带给我的压力，有这么一个相对来说比以前更加具有竞争氛围的环境，这给了它正当的理由一直拷问我。

陈瑜　等于是你受不了这样的拷问了？

宇骋　对。

陈瑜　你不去学校之后，在家是什么样的状态？

宇骋　我在家里一开始打游戏，相对来说比较开心，然后一提到回学校就像条件反射一样，我就不要。

当时我刚在家待了两天，我爸就想让我再回学校，他说："你要不就回学校，要不就打份工。"我的情绪直接崩溃了，在那儿乱喊乱叫，就开始喊"我去死好了"。我其实就喊了那么一句，喊得手都麻了的那种状态，整个人大喘气，面红耳赤。

我就感觉我可以把情绪撒在他们身上，因为他们害得我成了现在这样，我就不给他们好脸色看。他们后来就比较收敛一点。

我玩自己的，吃自己的，每天打各种游戏，一开始还挺快乐的。后来我问我妈可不可以帮我报个篮球课、报个画画课。我从小就喜欢画画，但是一直没上过课，我就说："你帮我去报一个，我想要试试看。"我真的在上课，而且上得还挺开心。之后，我甚至开始跟我妈说，你要不帮我请个家教什么的，各科的学习也要开始了。

那段时间真的挺快乐的，也没有想着回学校。

陈瑜 你画画、打篮球挺快乐，但会因为其他人都在上课，而自己在玩有一丝焦虑吗？

宇骋 有啊，对，它有点被埋在底下了。

陈瑜 那个时候你的"超我"就真的下班了吗？真的放弃了吗？

宇骋 是吧，我就像是把自己放在一个小泡泡里面一样，完全不听外界的声音，每天自己过自己的。因为我对自己的要求已经低到了极点，所以它那段时间好像确实下班了。我在低谷之下，每一次往外迈步都感觉是在进步。

但是之后，我就是说不清楚，当时一提到回学校，整个人就又开始不对劲，因为梦终究是梦。

后来我父母又开始提回学校的事，说："你下周要不要先回去一天？一周回去一天，这样试试看？"我当时在玩游戏，随口就答应了，但是之后每一天晚上都睡不着觉。

我担心同学是怎么看我的，担心我的学业到底怎么办，担心这个、担心那个，当时特别难受。

我在期中考试前回了学校，考完又不想回去，一方面有一些同学对我确实存在敌意，觉得你怎么想来就来、想走就走，但这是次要原因。你让我现在想主要原因，我其实也很难给出。

当时父母一直在提复学这件事，感觉就像我之前都在做一个梦，在梦里我可以每天想上这个课就上这个课，想上那个课就上那个课，想自学就自学，想怎么样就怎么样，可是

一、学业压力

我父母又把很无情的现实摆在我面前,说"你要动起来,你要回学校",然后我就觉得非常不能接受,感觉无情的现实把我的梦击碎了一样。

我当时思维特别窄,就觉得我完蛋了。我一开始想着自学、请家教,但是后来我又感觉这么做,其实也就是在努力跟上学校的进度。不管我干什么,我都被框在这个体系里面,没法逃出来,会有这种感觉。

陈瑜 你主动提出请家教,可能也是感觉不能一直待在这个泡泡里,还是要去直面现实?

宇骋 但是当时现实太沉重了,真的把我给压垮了,几次回学校的尝试都不是很顺利。

陈瑜 压垮你的是什么?

宇骋 我觉得应该是我因为"鸡娃"教育产生的那种思维模式,它本质上就是错的:一是闲不下来,一有空闲我就开始苛责自己浪费时间;二是盲目攀比。

这么多年在大家的目光下,我内化了这种思维模式,每当我要回学校的时候它就跳出来了,它就要压我,就要让我痛苦。

陈瑜 当你意识到它给你带来痛苦,你有机会把它给放下吗?

宇骋 我在当时没有意识到,当时那个背景下,我很难做到。

我当时除了去画室画三个小时的画,别的时间都在看手机,觉得自己没有喜欢做的事,做什么都没有意义,每天过得就跟没过一样。

我当时跟父母的关系还特别差，因为他们对我的不满逐渐积累起来了，特别是对我看手机的不满。我从早看到晚，他们急，他们焦虑，所以一直在跟我产生各种对抗摩擦。记得有一次，他们和我在抢手机这件事上吵，然后我情绪特别失控，就开始骂各种脏话。然后我爸急了，他不喜欢别人骂他脏话，也开始情绪失控，跟我对抢起来，之后就对打起来了。

他们那一次把我手机给没收了，说上午两个小时、下午三个小时、晚上两个小时，这些时间段就算发呆也不准用手机。

那天晚上手机被收走后，我感觉自己的心在痛，生不如死，在床上睡不着，然后下来走路，坐在那儿一言不发地流泪，让我妈给我两粒安眠药，让我快点睡着。第二天早上起来，也是觉得自己什么动力也没有了。

那一段时间，虽然我没有到主动寻死的地步，但当时想的就是，哪天一睡不醒也挺好的。我当时就会有这种念头，持续了一两周吧。

陈瑜 那个时候有去看心理医生吗？

宇骋 有在跟我的心理咨询师保持联系。医生的话，感觉只要去看了，他们肯定会跟你说，你多少有点抑郁，多少有点焦虑，给你开个药什么的。

陈瑜 你正式休学在家，成天打游戏，和像在泡泡里面一样成天打游戏逃避现实的前一个阶段，状态有不同吗？

宇骋 之前的感觉是压抑了很久，想要放松一下，但休学之后，空虚感就越来越强烈了，没事干了只能靠打游戏来填补。我得找个什么东西让自己变得没那么空虚，然后我选择了手机，因为这是最容易的。

陈瑜　我之前采访的孩子会说，其实打游戏打到后面也是很不开心的。

宇骋　但是没办法呀，别的事也懒得做，因为我感觉脑袋里的多巴胺系统已经多少被破坏了，别的更耗精力的事我根本不想去做，所以有点恶性循环。

- 5 -

宇骋　当时父母也开始找各种创新学校之类的。

陈瑜　哦？他们开始找其他的出路了？

宇骋　我当时一直在刷手机，从早看到晚，所以并没有特别大的反应，只是说："哦，那就去找呗，随你们吧。"
当然心中有个小的声音在说："也许我可以得到一些改变。"因为当时我还在做心理咨询，我和心理咨询师得出来的结论就是：我其实不是什么事都做不进去、没法专注，遇到喜欢的事的时候是可以的，可能就是需要一个环境，我才能真正找到学习的快乐，找到我想要做的事。所以我当时对创新学校没有排斥。

陈瑜　我采访过一些顶尖学校的学生，他们会觉得自己从这样的学校退出来就意味着失败了,但他们想回又回不去,就卡在那个点上了。对你来说有这个问题吗?

宇骋　刚退出来的时候有啊,很强烈,会觉得自己就是个废物,非常失败。

我当时甚至都不敢看朋友圈,因为看到同学的动态就觉得非常丢脸,也觉得没脸见以前的老师。但是刷手机刷着刷着就不care(在乎)了,靠着长时间玩手机把这种情绪压下去了,埋到了很深的地方,但情绪一直都在那里。

其实,我一开始真的完全不敢接触同学,但后来暑假约他们出去玩,就可以开始大谈特谈我这一段时间的心路历程了,所以我觉得可能时间确实把一些情绪给冲淡了。现在我也可以在以前的高中同学群里,跟他们有一搭没一搭地聊起来。

陈瑜　你有能量去跟同学说自己的心路历程,这能量来自哪里?

宇骋　当见到初中同学的时候,我感觉到一种友谊的力量,感觉跟他们之间是非常纯粹的好伙伴的关系,因为初中已经结束了,我们之间也不存在任何别的关系。我约他们出来,跟他们玩的时候感觉非常"充能",会非常健谈。

陈瑜　你会不会有一种感觉,"我以前是年级第一,现在在那个高中混不下去了,没面子"?

宇骋　我一开始确实有,但时间把这个感觉冲淡了,而且一切也是循序渐进的——开始在微信上聊个天,再到现实中见个面,是这么一步一步来的。而且这件事情也不需要我说,大家可能通过消息网都知道了。然后我开始尝试跟他们聊天,一步一步就没那么介意了。

一、学业压力　　021

陈瑜　而且同学们给你的反馈也让你觉得挺有力量的，没有指指点点或者说一些阴阳怪气的话。

宇骋　对，包括我的老师，也是我的初中班主任，她也接受了我。当时她看见我，就很高兴，根本没有任何别的情绪。然后我跟她讲我这段时间的经历，她也都很认真地听，给我各种支持。我觉得有这样一群老师和同学真的很好。

陈瑜　真好！

- 6 -

宇骋　我现在待的这所创新学校是我实实在在看过校园的。
我遇到了一个特有意思的老师，当时第一次打照面就觉得他挺有意思的。他已经40多岁了，不年轻了，但还是像个大孩子。

陈瑜　你第一天遇到他有什么印象很深的事情？

宇骋　我们走到一个创客教室，他就在里面。带我们进来的老师说，这个可能是你们以后的物理老师，然后他就嘿嘿怪笑，说"我是学校五阶大神老师"，然后指着带我们的老师说"你大概就两三阶的样子"。当时他给我的第一印象就是非常搞怪，没有什么别的，但光是搞怪就已经让我深深记住他了，觉得这应该是所不错的学校。
开学几个月接触下来，就觉得他真的是个特别有人格魅力的人。

我当时刚到学校，刚开学那几天我也非常焦虑，就想万一跟同学处不好怎么办？万一学业压力很大怎么办？有各种各样的问题。我当时还很害怕表达，不知道老师能不能接得住我的话。当然我后来还是说了，因为老师在课上说希望能得到我们的反馈，他非常需要反馈。

然后我就私下里发微信跟他说，班里女生比较多，我害怕自己很难融入。他就挺快给出解决办法了，说他和上一届学生还有联系，可以介绍一些男生给我认识一下，周末也可以一起约出去打球什么的，还说可能下次上课的时候会再组织一些活动，让大家更好地认识一下。

我感觉他非常尊重我的需求，没有做任何评判，只是阐述着他感觉到了我的情绪是什么样，以及他能提供一些怎样的帮助让我去解决问题。我觉得他说话的条理非常清晰，而且非常能让人稳下来。我很信任物理老师，所以就选他当我的导师，把问题都反馈给了他。

陈瑜 真好。你对于创新学校有什么评价？

宇骋 我觉得光说教学能力的话，有一些老师确实不太能跟体制内那些好的老师媲美，但是他们能给的人文关怀是特别大的，包括我的导师，能给我提供特别多的帮助，一步一步让我的心里变得充实起来。

这所学校给学生留了很多相对比较自由的时间，也有各种各样比较自由的课，比如说周一下午都是个人项目时间，你可以跟别人搞一个自己感兴趣的项目。对我来说空闲的时间就更多了，因为很多课的内容都是我之前学过的，根本没必要去上，所以可以用这些空闲的时间干自己想干的事。虽然有时候还是会拿起手机来看，但是相较于之前七、八月份一直刷手机的状态已经好太多了。

我当时的目标就是：我想找到一件我喜欢做的事，然后找到我为什么要活着，找到人生的意义。

但是我一开始上课，就觉得他们这还是在上面向考试的课嘛，有啥意思？然后我就把心里想的跟我的导师说了，他帮我看到了另外一个视角。他说："这个是难免的，你以后如果要去读大学，有一些考试还是必须参加的。你可以去这样分配你的时间，一部分时间留给你自己，比如说你想去探寻人生意义之类的，然后留一部分时间让你的标化成绩[1]达标，另外再留一点时间给自己用来'摆烂'。"

我大概想了一下，就去这么做了。我想，既然我想要找到人生的意义，找到我喜欢的东西，我应该怎么开始？我觉得可以读一些和哲学有关的书，然后就去读了。然后我还可以干什么？刚好就有个同学跟我一拍即合，打算拍一个片子。我们迄今为止访谈了十几二十人，学生、老师，各种年龄段的都有，是关于成长、生命的议题。我觉得这所学校还有一点很好，那就是不存在项目成功与否的问题，只要你能在其中获得某种提升，它其实就是个成功的项目。

渐渐地，我感觉自己心里充实多了。

然后有一天，我在网上搜老师给我提到的一些大学，开始自己很主动去搜大学的要求是什么，这是一所怎样的大学，开始对大学有憧憬了。

---

[1] 标化成绩，也叫标准化测验成绩，是一种根据统一、规范的标准从而严格控制考试误差的考试成绩。申请留学，必须提供并达到标化成绩中的某一种或两种成绩要求，才有申请资格。

所以，我感觉这两个月是一个不断充盈自己内心的过程，我从一个空想者变成了一个行动派，但我是满怀理想的行动派。像这边学校经常说"心怀理想，脚踏实地"，我可以心中有个很崇高的理想，就是说弄明白我为什么要活着，但是我也可以一步一步很实在地往这个目标去靠近，是这么一个过程。

这里的氛围让我内心多出了一种火苗，一种动起来的火苗。但是你要问具体氛围是什么，我很难说清。这种氛围潜移默化地改变了我，在日常生活中，在老师的一言一行中，在和同学的一些交流中。我真的想不到一个很有标志性的事件，说它促使我突然找到内心的火花，但在这种"润物细无声"的环境中，我就渐渐地动起来了。现在我可以主动去完成学校的作业，在这个基础上自己做一些阅读，遇到一些很有感想的话也会有一些自己的感悟，体会生命的种种。这个环境让我支棱起来了。

陈瑜 支棱起来了，太好了！那在这两个半月里边，对于探寻生命的意义，你会有一些模糊的答案吗？

宇骋 我读了四五本英文和中文的书，加上我自己的切身体会，然后有了一些模糊的答案。

先说理论。史铁生是我挺喜欢的一个作家，我跟他有很多东西共鸣。他在《病隙碎笔》里写道，神为人们提供了一条路，这条路就是"你体会了残缺去投奔完美、带着疑问但并不一定能够找到答案的那条路"。当你知道自己是残缺的，你下定决心要去投奔完美；当你知道自己有疑问，你下定决心要去寻找答案——走在这条路上，这条路最终极的地标、最终极的终点，可能就是生命的意义。但是你很难走到生命意义那个点上，你只能不断怀揣着希望走下去，但意义感就是在你不断走下去的过程当中出现的，它伴随着你前行。这是我读到的一个有关生命意义的答案。

还有一个答案来自我读的一本老师推荐的书，之前的心理咨询师也推荐过，叫《活出生命的意义》。一个心理学家经历了集中营，出来之后写了这么一本书，说生命的意义不是一个很抽象的概念，不能用一句话概括，它涵盖在人生的每一个地方，与其让自己去追寻生命的意义，不如说生命的意义就是在不断解决生命抛给你一个又一个问题的过程中。这也是在说，生命的意义不在终点，而在过程，我觉得这些都挺能帮到我的。

另外，还有我自己的切身体会。当然最重要的就是我发现刚来学校的状态只是在那儿空想，"这个没有意义，我干吗要学习"，但是现在的状态就是我会去做，我会在想的同时去做。这两种状态给我带来的身体感受是很不一样的，所以我相当于身体力行了上面这些作者说的一些东西，体会也尤为深刻。

陈瑜 我很好奇撬动你真的去做事情的点是什么？

宇骋 就是老师当时跟我说的这番话，说什么事情也不是绝对的，你可以留一些时间给标化考试，也可以留一些时间给自己去探索。

我可能还要感谢一下我的心理咨询师，最后真的点拨我的人，我觉得是她。当时我已经开始读各种书了，也已经开始跟我的同学进行拍片项目了，不过没想那么多，但是她让我明晰了我做这些事是为什么。她跟我说，通过做这些事，把它设为你找到人生意义路上的一个小目标，可以更好地让你找到人生的意义。

所以，我觉得是这所学校给我提供了一个环境去思考，然后我的心理咨询师帮我厘清了思路。这所学校开设的一些项目课，包括它留给学生很多自我探索的时间，我觉得很能帮到我。

陈瑜 嗯，我觉得目前应试教育很大的一个问题，就是把孩子的时间塞得太满了。

宇骋 对。

陈瑜 你觉得时间上留白对一个学生的意义是什么？

宇骋 其实留白时间对一个学生的意义就是让他去想，让他问自己：我为什么要做这个呢？我的动机是什么？可能他会通过留白时间想这些问题，以及去探寻自己想要做什么。

但是这也不是绝对的，我觉得肯定要适当引导，否则我全部留白的时间肯定都用来看手机了。留白可能要伴随着一些引路人、引导者的存在，这才是一种比较健康的留白。

陈瑜 这是一个非常好的提醒。那我想问你，你之前一直埋藏在心里的"超我"、比较之心，现在去哪里了？

宇骋 它还在啊，它还老是出来搞我，但是我现在就是接纳、觉察。我妈一直跟我说觉察，我从很多不同的人口中都听到了接纳。

心理咨询师跟我说的就是"你来了，好吧"，说它是你的一个部分，它就是会来，然后你知道它来就好了。现在我能知道它什么时候到，然后能以一种共处的态度跟它相处。可能到这所学校，我从老师开始，从书本开始，从同学开始，从每天做的事当中汲取能量，渐渐就感觉像顿悟了一样。突然有一天，当"超我"来敲门的时候，我就可以跟它说："哦，你来了。"

当然我还是会焦虑，我肯定会焦虑，但是我能体会这种焦虑，我不会像以前那样一焦虑就开始漫无目的地难受了，我现在开始有目的地难受。

陈瑜　什么叫有目的地难受？
宇骋　它就是一种觉察，确切知道自己有这么一种情绪了，知道有这么一个"超我"在这里。比如说我以前看到有人在"卷"，就只是心里很烦，不会想更多，现在看到有人做了一些我没做的事，我也会有这种情绪，但是它一来，我就明白这是我的盲目攀比的心理在作祟。盲目攀比的根源可能是我从小在竞争的教育环境里长大，加上他人对我的期待很高。当你开始剖析自己的情绪时，它带来的负面影响就会小很多。

陈瑜　你太厉害了！
宇骋　当然不是每次都能做到。

陈瑜　什么时候会做不到？
宇骋　比如说我前天晚上看了很久的手机，然后我就很烦，晚上躺在床上，那"超我"又在搞我，我当时有点受不了，就开灯把《活出生命的意义》拿出来读。我就默念"难受也是人生的一部分"。当你得知难受是人生的一部分后，你就会去接纳它，就会想应该用怎样的一种态度去面对它，然后读着读着就好了。

陈瑜 也就是说，现在你不会被"超我"带来的负面情绪所摧毁，你知道如何去消解它或者跟它共处了。

宇骋 对，至少比以前更知道了，但是我要走的路还很长，不论是学术上的还是心理上的。不过我有自信了，我身边有人能帮助我，而且我也能帮助自己。

我妈把她的期待加到我身上，让我很难受，让我的"超我"和我的"本我"越来越冲突，但是她真的是个很好的妈妈，当然我爸也是个很好的爸爸，因为他们真的做到了很多家长做不到的事。虽然其间出现了很多情绪，但是大体上都是比较平静地接纳了我，然后想办法去帮助我。

陈瑜 你父母后续的学习、提升、转变真的是蛮难得的，不是所有家长都能全然接纳孩子的状况，帮助孩子寻找新的出路。他们后面做得还真的不错。

宇骋 对，我也觉得。按照我妈的话说，可能我的改变反而帮助了他们去更好地认识自我，包括处理他们之间的关系。

我妈以前是那种女强人的类型，说实话我爸和我妈以前像合作伙伴，但是经我这么一搞之后，感觉我妈很多地方都开始依靠我爸，我爸在她很多情绪不好的时候提供了支撑，感觉他们俩的关系也因为我这么一搞变好了。

陈瑜　你不会牺牲自己而让他们关系变好吧?

宇骋　没有牺牲,我觉得我也在这个过程中提升了。

陈瑜　嗯,真的是一个波折,然后让你去到了更适合你的地方。

宇骋　我也不知道是不是更适合我,但很多时候就是要用精神胜利法,一切都是最好的安排,就这么跟自己说,相信自己未来会变得更好,满怀希望。就像史铁生说的一样,希望是很重要的东西,怀揣着希望,就会相信未来这条路我能走好。虽然从另一个角度看,希望也就是精神胜利法,但是精神胜利法又怎样?人还不能自我安慰一下吗?还不能怀揣着希望期望一下吗?

陈瑜　你现在怎么看待自己?

宇骋　看待自己?我是一个已经比很多人更厉害的人……我觉得刚才说得不太好,再来一遍,让我想一下……我是一个已经比其他人得到了更多成长的人,我是一个经历丰富的人,有着一个有趣的灵魂。

采访手记

厌学五大阶段，
孩子需要父母的托举和兜底

任何时候，我们都是有选择的，因为我们是有自主性的人——这是我在一开篇就想和你达成的共识。

为什么达成这个共识这么重要？因为习惯性的"甩锅"模式，会让我们觉得自己别无选择。高考制度就是这样的啊，我没办法！别人的父母都在"卷"啊，我没办法！老师给我压力啊，我没办法！……"甩锅"给大环境是最容易的自我免责，都是外部不好，我是被逼的，所以我没错。

我特别理解父母的迫不得已，但我还是想恳请你：**不要放弃自主性，要做出真正更有利于孩子成长的选择。**我们向来都是有办法的，而且身为父母，我们必须有办法！

宇骋的案例全景式地展示了一个孩子从厌学、休学到最后复学的全过程，也印证了一个事实：与其一边上学一边崩溃，不如调整好了重新出发。

但父母们会着急，调整到底需要多久？

我们"少年大不同"团队在临床一线接了近千个厌学孩子家庭的咨询，通过对大量案例的分析和总结，将孩子从厌学、休学到复学的整个过程拆分为五大阶段。无论是在咨询中还是在课程中，我们都会第一时间将"五大阶段"作为一个个锚点告知家长，让迷航的父母立刻明白，我的孩子现在处于什么阶段，之前驶过哪片海域，未来又会开往何方。

至于历经这五大阶段耗时几许，你听完我的介绍，便知道它的决定因素是什么了。

第一阶段：萌芽期

孩子作业拖拉，经常无法完成，成绩大幅下降。早晨起不来床，间歇性要求请假。内耗严重，常常会"躲"进电子产品里。有些孩子还伴有躯体化症状，比如头晕、肚子痛、手抖、胸闷、心悸、食欲不振、睡眠出现状况、即使休息也无法缓解疲累等。

我把这一切都看作孩子释放的求助信号。要知道在萌芽期，我们是有机会聆听孩子，去跟孩子做深入沟通，了解他们心声的。可惜的是，很多家长接收不到信号，眼看着孩子状况百出。当下的焦虑叠加对未来的恐惧，驱使家长们在行动层面火上浇油：1. 责骂孩子；2. 紧盯作业；3. 劝、逼、利诱孩子上学。家长们一心只想孩子每天能去学校，哪怕只是坐在教室里都好。

这三点都不管用，甚至会让情况变得更糟。

请家长们转换一下视角：**孩子不是需要被解决的问题，是孩子遇到了无法解决的问题**，也就是说，**厌学只是表象，我们要问的不是"我该拿孩子怎么办"**，而是要绕到厌学背后去看一看"**我的孩子到底怎么了**"。

所以，抓住这个时机，像你手里的这本《少年厌学》一样，把孩子的真实麻烦和具体困难给聊出来，唯有把病因找准，才谈得上对症下药。

如果在孩子厌学的萌芽期，你能够心平气和地、真正关切地跟孩子说："我们发现你最近×××（描述一两个观察到的孩子状态），跟爸爸妈妈说说，有碰到什么困难吗？有什么我们能帮得上的，我们一定会全力支持你。孩子，别担心！"那么问题很可能在第一阶段就会得到解决。

这是一脚关键的刹车，避免孩子滑入第二阶段。

第二阶段：对抗期

不管有没有办休学手续，孩子已经完全不去学校了，放弃学习、沉迷手机、日夜颠倒、回避交流、拒绝外出。中、重度焦虑或抑郁的青少年还会出现自残行为和自杀倾向。

这个阶段之所以叫对抗期，是因为绝大部分的父母无法接受孩子的"颓废"，执着于纠正孩子混乱的生活，对电子产品的管理权进行强势争夺，于是亲子冲突不断升级，有些甚至到了肢体冲突、报警的程度。

对抗期的争斗对亲子关系具有毁灭性的破坏力，延续的时间越长，破坏性越大。理解了这一点，家长们要做的事情就很清楚了，那就是尽一切可能缩短这个阶段，最好是直接跨越这个阶段。

我的建议是，**父母们先把自己"稳"下来，不要唠叨，不要催促逼迫，不要一天到晚地问"你这样下去，你打算怎么办"**。在对抗期，沟通被彻底切断了，孩子们对父母关上了房门，也关上了心门，他们不再信任父母，所以不会吐露心声。我访谈过许多有类似经历的孩子，此时的他们没有答案，也不知道该怎么办，他们没有能量了，他们比谁都痛苦、比谁都无助。

再说一遍，请家长们"稳"下来，稳下来的父母才能让孩子感受到：休息是无罪的；调整是被允许的；我如此这般，天也是不会塌下来的。这十分重要，因为在这个当下，孩子最渴望被接纳，他们需要时间去疗伤，他们最不愿意做的就是耗费本来就不多的精力再与父母对抗。

一、学业压力　033

看到孩子身处困境，如果父母对自己的定位是为孩子兜底的人，那就不存在对抗期；如果不顾孩子实际情况，硬是要把孩子掰回所谓的正轨，那就看这场持久战，谁先败下阵来。这场持久战的普遍结局是，父母一败涂地。

第三阶段：妥协期

到了这个阶段，父母软硬兼施均告无果之后，被迫妥协。疾风骤雨不再高频出现，然而看似风平浪静的海面下暗潮涌动。

为了不让孩子"一点就着"，家长慢慢变得谨小慎微，甚至还会开始讨好孩子，但是内心里从未放弃对孩子早日复学的期待，有机会就想提一提学习。家庭成员关系之间依然存在着张力，亲子关系时好时坏。

父母的心思，孩子百分之百能捕捉到，迷茫、内疚和对自己的失望交织在一起，也让他们倍感压力。在妥协期，孩子会偶尔愿意跟父母说几句话，有时也可以叫外卖，跟父母同桌吃一顿饭，但一家人还是没法潜入深海区，去做心与心的交流。

很多家长是在妥协期开始启动自我学习和成长的。之前他们可能还会说："是孩子出了问题，为什么要我改？"但渐渐地，他们意识到，就算全都是孩子的错，眼看着孩子从初期厌学逐步走向彻底休学，也表明自己原来的教育理念、教育方法和跟孩子的互动模式等方面存在一定的问题。如果不做改变，那么问题就卡在那里了。

父母什么时候开始从改造孩子转变成反思自身，便是最为重要的转折点。父母的接纳会带来理解，而理解会带来改变。画重点，这里说的接纳，是**发自内心地、全然地接纳孩子**，而不是以推动孩子复学为目的的伪装手段。对于两者的差别，孩子们是最为敏感的，他们一眼就能识破。

调整需要多久？就看父母什么时候走到转折点，不再改造孩子，而是更新自我。坏消息是，很多家长要兜兜转转很久，来找我们咨询时，说孩子已经休学在家两三年了。好消息是，父母的转变一旦发生，亲子关系就有了修复的可能。

第四阶段：修复期

终于要看见曙光了，修复期的父母会更从容，能够尊重孩子，也可以自如地表达自己的想法。孩子其实不愿看到父母的委曲求全，那会让他们愤怒、愧疚并自我厌弃。他们期待真诚、平等的沟通，他们已经期待很久。

其实，孩子在等两个答案：1. 现在的我，看起来一无是处，你们是不是无条件地爱我？2. 你们能不能放权，让我成为自己学业和人生的主导者？当孩子能够确信父母的爱和信任，完全不担心父母对自己的失望和管控，他就会被注入新的力量，有了重新出发的动力。

修复期，孩子的作息会有很大的改善，开始动手整理自己的房间，也不会一天十几个小时钻在手机里，有时还会独自出门做个短途旅行，或让父母给自己买把吉他、报个网球课——这些都是能量小火苗蹿出头来的标志。

当孩子在这个家感到既安全又踏实时，会在某一个不期而至的时刻向父母敞开心扉，讲述自己内在的感受和困惑。这时候，我们终于又获得了了解孩子真实问题的机会。常常有家长激动地给我们咨询师发来消息："孩子终于开口了，我们从昨晚聊到了凌晨，他不去上学原来是因为……"

万水千山，实属不易。我采访过不少陪伴孩子成功复学或找到其他出路的家长。虽是人到中年，但他们此时就像是一个新人，被重塑了的三观，被重构了的关系，无论是跟孩子，还是跟伴侣。我该怎么形容他们的状态和面貌呢？想到这四个字：云开雾散。

这个时候的家长可能还是会在意时间，但又不那么在意，因为他们真正回到了原点，更关心孩子是不是身心健康，一家人在一起是不是开心，夫妻俩怎么给孩子创造一个好的家庭氛围，每个人该怎么过好自己的人生。奇妙的是，当家庭成员各归各位时，那些原来特别有执念、现在又放下的事情，被孩子自己捡起来了。

第五阶段：复学期

孩子有了复学的动向，通常是孩子自己主动提出的。"下学期我可以去上学了。"仿佛一声春雷，把父母炸得既欣喜又紧张。记得啊，**不管孩子状态恢复得有多好，要等，等孩子自己提**。

要知道，复学期的孩子也是忐忑的。他们一方面觉得自己油箱里的油已经差不多加满了，可以重新上路了；另一方面又会担忧路上碰到沟沟壑壑，造成车辆再度抛锚。所以，在孩子重返学校之前，我们要和孩子一起，把之前造成他休学的那些路障一一清除。在《少年厌学》这本书里，你就可以看到常见路障，我也会在每一篇的采访手记里，告诉你我们在青少年心理咨询一线是怎么和来访家庭一起工作的。

再则，复学不代表一定要回到原来学校、原来班级，我们是否还有更多的选择？如果课程拖欠比较多，我们可以重读，不随班升级；如果感觉这个学校压根儿不适合，我们可以转学，找更匹配的；如果觉得走体制内高考路线压力太大，我们可以转轨，评估一下海外留学的可能性。

这番探索是极其有必要的。孩子有机会去思考：我为什么要读书？我适配什么样的教育环境和教育资源？完成学历教育后，我想做什么？最终，要让孩子来选择，并且学习为自己的选择负责。宇骋的二次择校，就是一个很好的示范。

作为父母，我们除了为孩子兜底，关键时刻还要托举孩子，不要畏惧与外部的沟通和协调，把复学的台阶铺好，孩子一步一步地走起来才能稳稳当当。

孩子为复学做准备的阶段，也是极其考验家长的。它像一块试金石，可以检测出父母转变的成色。有些内核不稳的家长又会焦虑起来，开始督促孩子调整作息、提醒孩子学习、管控孩子使用电子产品的时间……夸张一点说，就是"原形毕露"。而孩子的状态也会跟着发生起伏，有些家庭甚至会退回到第二阶段对抗期和第三阶段妥协期。要再次赢得孩子的信任，难度又高了一级，因为他们会认为父母所谓的"改变"都是假的，仅仅是为了让我"滚"回学校去。

"孩子好不容易愿意去上学了，我好担心他这次复学失败又躺在家里。"父母的担忧，完全可以理解。但还记得我说过的话吗，**孩子既需要父母无条件的爱，也需要对自己学业和人生的主导权**。所以啊，请深深地爱着他们，并且给他们行使权利的空间，在这个空间里一定要包含着试错的机会，成长本身就是靠经验和教训堆叠起来的，不应该也不能指望孩子一步到位，我们自己又何尝能做到？

"那就不管他了吗？"也不是，这个时候我们的着力点不是研究哪些具体事务该管或不该管，而是要成为孩子的同盟军，支持他们去尝试。家长们要不带评判地跟孩子复盘，引导他们不断地优化解决方案，从而帮助孩子提升迎战困难的能力。孩子不想成为父母的提线木偶，而是要感受到"我背后有人"。所以，请坚定地站在孩子身后！

不得不说，这是一场攻坚战。在孩子复学前后，如果家长感到自己的情绪波动导致动作变形，从而对孩子造成影响的话，也可以寻求我们专业咨询师的帮助，陪你走过这一程。

孩子从厌学、休学到复学，到底需要多长时间？现在你大概能明白了，这道题没有标准答案，取决于家长。

家长有自主性，可以自己选择，请做出真正更有利于孩子成长的选择。

我很喜欢今天的宇骋看待自己的角度，"我是一个已经比其他人得到了更多成长的人，我是一个经历丰富的人，有着一个有趣的灵魂"，他认真想了想，用这样的描述覆盖了之前那句"我是一个已经比很多人更厉害的人"。

02
"高考是普通人上升最公平的渠道，但这滋味确实不好受"

> 林青／女生／高一／辽宁
> **概述**："内卷"的学习氛围，让"新高一"的学生不堪重负，精神状态越来越消沉。

林青说自己在一个几百线的小城市读书,她"新高一"的身份引起了我的警觉。开学以来,来我们"少年大不同"预约咨询最多的就是新入学的高一学生,他们在奔赴高考的征途上才行进了两周,就"卷"不动了。

林青选择用文字跟我交流,我让她把想说的一股脑儿先写下来,然后我再来提问。之后的两个半小时,她把我当成了树洞,写下了本篇这些文字,我没有插过一句话。

"老师说,高考是我们这种学生上升最公平的渠道。我其实还挺信的,毕竟有的人生来就在起跑线前面,我们要追上去,最简单的途径就是高考。"林青换了一行,"但这滋味确实不好受。"

不过,她还是给自己起了"林青"这个化名,取义"迎川之时,林也青青"。她解释说:"希望我们都有光明的未来!"

- 1 -

我们这儿算是一个小地方,在河北和辽宁的交界,最近十几年才开始发展。我们这儿的教育资源比较落后,之前高考没什么考得好的学校,然后我们高中光荣地建立了。

老师跟我们说,自从我们学校建立之后,做到了全国大学全覆盖,考上什么清华、北大、复旦的,偶尔也有两个。

我发现我们学校作息是真的紧,尤其是我们实验班,更紧。我们下午5点下课去吃饭,本来是自由活动到6点,之后再开始晚自习。但老师让我们"自愿"回班自习,规定时间是5:30,基本上吃完饭就回班了。本来还有社团、活动啥的,老师劝我们说,对学习没有帮助,别参加。

老师直接给我们定了一个高考的目标,从高一就开始紧张起来。老师天天跟我们说我们分怎么怎么低了,说我们这边学苗不行,比不上市里的,就只能靠压榨时间。我悟了,我说我们学校怎么这么牛,能把我们化腐朽为神奇呢。

然后我们还一周一测,当天早上考的,晚上就能出分。老师跟我们说,要把自习课大块时间分给理科,文科知识点如英语单词和语文古诗要抽空背，要利用课间或打饭排队的时间拿个小本背。然后，我看到不少人在礼堂听领导讲话的时候，拿单词本在那儿记。我们班有个人挺魔怔的，连扫地都在背什么笔记。

我是真没想到"衡水"这一套会降临在我身上，咱隔壁就是河北，连学习模式都要和人家的一样。

老师说，高考是我们这种学生上升最公平的渠道。我其实还挺信的，毕竟有的人生来就在起跑线前面，我们要追上去，最简单的途径就是高考。

但这滋味确实不好受。

刚开学两周，作业都快写不完了。我其实特别"佛系"，别人"摆烂"，我也跟着"摆烂"，但关键是这里面没有"摆烂"的。

我周考考得比室友好，导致室友一看到我学习就说我"卷"。我知道"卷"其实没啥毛病，但我本质上不是个很"卷"的人。起初我心里还有点愧疚，虽然知道我做得没啥毛病，但还是有点过意不去。然后，我就看到那个天天说我"卷"的室友做作业飞快，物理题几乎全对（我一片红，谢谢）。她写完作业甚至开始刷题了，回头看见我与作业搏斗，还说："你可别'卷'了。"

总之，我们这儿压力一下子就上去了。晚自习结束回寝室之后，有同学都戏称要自杀。我们都知道是开玩笑，不过如果真的没有一点悲观想法的话，也不会开那种玩笑。我们学校的公共电话亭，一大排摆在路边，我看到很多人打电话时都哭了。

我们班有个人平时挺低调的，有一次老师对他提问，他一上来就哭了，老师还安慰了他半天。之后又有一次，还是那个老师的课，上得好好的，我在那儿疯狂抄笔记，就听到一声巨响，给我吓了一跳，一看是那个同学喊了一嗓子，然后把头埋桌上了。之后他出去，过了一会儿才回来，看样子情绪好点了。

其实有时候我也想像他似的大喊一声，然后把桌子掀掉。别学了，都别学了！在学校待了两个星期，精神状态直线下降。

我们班还有一个人，坐前边，是个挺好的女生。有一天，她被老师叫出去了，晚自习开始好久了才回来。当时有老师在讲课，看她哭了，安慰了两句就接着上课。她在那儿哭了好久，桌子上堆了不少纸。之后，她又被老师叫出去了几次，最后拿了本英语书，就再也没回来过。

我室友跟我说，她原本考上了市里一个更好的高中，还考进了火箭班，结果她妈妈说我们这所学校更好，就让她来这儿了。第一次周考，她考得并不理想，据说她现在回家了，不想上学了。

其实我也不想上学了。今天与物理作业搏斗了一个下午还没写完。

原本我以为我的高中生活会是那种"早上推开窗，阳光洒进屋子，吃完晚饭，漫步在湖边，和朋友聊几句闲话"的生活。我们初中老师一直跟我们夸这所学校怎么怎么好，还有社团，还有很多活动，不像别的学校除了学习啥也没有。是的，我们学校确实有不少活动，但很多都是占用我们珍贵的写作业的自习时间。

有一回我的作业没写完，打算早点起来写，后来是5点起来写。宿舍楼梯口有不少桌椅，之前不知道是干啥的，结果我到那儿的时候灯光明亮，好几个人在那儿坐着刷题。

我周考考得比我预想的分数高太多了，我记得物理单选有差不多十个，我蒙了三个，三个都对了。我甚至考了班级前几，还因此当了个班级委员。我的天哪！我本来以为会考到中下游。

之后的一个星期，我努力去"卷"，然而连作业都写不完。有的人写作业飞快，准确率奇高，甚至都无聊到看闲书了。老师上课时也讲得飞快，我努力理解，老师问"不快吧"，所有人都说"不快"。我啥也没说,心里都在流泪。

我想跟室友抱怨一下,又从来得不到理解,她们只会说:"啊,你考得那么好,你就别'卷'了。"

要是第一次周考没考好,我觉得我会非常非常难受,然后会接受它,去努力。但是我考好了,我的心态变得非常不稳定,逐渐开始学不进去,我现在连作业都不会写。下次考试,考好了还罢,没考好的话,我想死的心都有了。我真的接受不了从高空坠落谷底,心理落差也不是这么玩的,我只想说:刺激。

因为考好了,我很明显就能感受到老师态度的变化。然后我爸妈也激动坏了,我爸遇见谁就跟谁吹,我女儿就是学习好。之后要是没考好,根据我的猜测,我爸又会像之前那样,见我一次就摇一次头,连同着唉声叹气,说一句"白养了"或者别的什么丧气话,然后又说工作多么苦。我妈则会跟我说"一次考差了没关系,下回全给他们干趴下",然后表现得无比焦虑,我稍做得不对都会被归为没考好的原因。

- 2 -

我没有可以吐槽的朋友。

我初中玩得好的朋友没我考得好,她说有时候跟我一起玩会自卑,并且拒绝我问她分数或是讨论这方面的话题。新室友人都很好,但我看她们骨子里是谁也不服谁的,有时候说话都带着锋芒,一定要证明自己是对的。我考差了,她们大抵会嘲笑我。真心的还是开玩笑?我觉得都有点,哪个成分更高不好说。

我小学在河北上的,那时候虽然高手也很多,但我也是高手之一。我学习从来没差过，同时还会点别的什么，像背个诗啦，参加个比赛啦，跳个舞啦，总之干了不少事。

我那个时候有点抵触上兴趣班，后来越来越抵触，兴趣班便越上越少，到六年级就一个也没有了。我从之前的外向变得内向了，不喜欢参加活动。我觉得没什么，但我爸妈觉得天塌了。我爸就叹气，说我除了学习啥也不会，然后又半威胁地说，如果学习差了就怎么怎么地。

我小升初考好了，他们高兴了一阵。

初中去辽宁上了，很不习惯。因为那个初中跟小学连着的，很多人直接从小学升到初中，所以他们一上来就有朋友，而我没有。

但那个时候我可"卷"了。放学回家坐车要20分钟，我在那儿背政治，背得头晕眼花。第一回拿了年级第一，超过第二名25分，我现在也觉得考得好高好高。这事我可以吹一辈子。之后就是年级第一、第二徘徊。第二学期有一回突然考了年级第十。因为当时状态越来越差，我"卷"不动了，沉迷网络，还熬夜写作业，当时已经有预感会考得越来越差。但我当时一直是班级第一，只是在年级上有变化，我心里还算平衡，说服自己要接受变化。

我妈当时还挺乐观的，跟我说"没事，考差了也没关系，高兴就好"，特别逼真，我信了。

有一回她在路边遇上一个朋友，对方问我考第几，我开玩笑说之前考第二，现在考第十，正在稳定地退步着，然后她俩都笑了。我觉得这个玩笑开得还行，但回家后我妈情绪崩溃了，她质问我考得这么差劲怎么好意思笑。

她之后对我吼了半天，我也对她吼。不过大多数时间我就是听着她吼。她当时要出门，想带着我去，她一对我吼，我就死活不去。她跟我吼着吼着又突然变脸，说求求我了，跟她去吧，要不然中午没人做饭，晚上怎么怎么地。我动摇了，但还是死活不去。然后她就又变脸，又开始吼我，最后她没出门。

这事我一直记到现在，我觉得我还挺记仇的。

从那次考年级第十开始，我的心态就崩了。

有一回我拉着我妈哭，说我好像得抑郁症了，我要看心理医生。我妈其实还好，很爱我，就是有时候比我还脆弱。我妈刚开始表现得特别关心、特别在意，说带我去，然后带我出家门，看我心情好了，绕了一圈又回家了。之后我又一次心态崩了，这一次我爸在。他俩都打电话问了，甚至都搜到了咨询，一个小时200元，然后犹豫了。他们犹豫也没有问题，要是我看到了，我也犹豫。

之后好像是八年级。我又一次情绪崩溃，跟我妈说了半天，我妈后来说："今天太晚了，我要睡了，明天再说。"我就再也不想说了。

-3-

我妈说话总有一种她牺牲了这么多，希望我这个奴隶主不要再压榨她的感觉，我并不喜欢这种感觉。我觉得我发自内心地关心她，她却觉得我自私冷漠，一直压榨她。

有一次吃饭我和我爸都坐好了，她从厨房进餐厅，让我去拿筷子。她刚从厨房出来，甚至还没坐到椅子上，而且拿筷子就两步路，我不太想拿，就犹豫了一下，她就嘟囔"自私"，我当时心里拔凉。

有一回我跟初中最好的朋友吵架了，之后我就开始emo（情绪低落），一直emo到晚上，待在我房间里，门反锁着。我爸喊我吃饭，我不想去，就答应着，但没动地方。他召唤半天我都没去，后来我觉得其实我也不是那么饿，我也不想吃饭，我就说我不吃了。

我这做法确实不好，后来也反省过，让一个人唤半天然后不动很不礼貌，显得很不尊重人，但我当时的想法是"我表现得很异常，平时我都不这样，他们应该发现了我的异样，然后询问我是不是发生了什么"，我觉得这是一种吸引注意的方法。当时我没细想，是下意识地想这么做。

之后我爸就开始喊，让我赶紧出去。我觉得他有点可怕，没搭理他。然后他开始警告我，说如果倒数三声再不出去，他就要踹门了。我觉得他像是要疯了似的，我不敢出去，我看我那门很结实，而且还锁着。

然后他倒数三声之后，开始反复按那个门把手，还在喊，之后他后退几步开始踹门，踹了两下门就开了。现在我那个门关起来还有些费劲，门框也坏了。

当时我想，要是他拿把菜刀我该怎么办？要是揍我头我该怎么办？我想要是他一进来，我就跳窗好了，但我家楼层很低，而且还有防盗网。

他一进来，我都吓坏了，浑身都在抖。我寻思他要是怎么怎么样，我就怎么怎么跑，我可害怕了。他一伸手要把我捞下床，我往后缩，他只捞到了被子，然后他还要再捞，我感觉当时他是想要打我的。

我妈进来了，把灯打开了，说："你下来吧，看你爸气成什么样了。"我问我爸："你不能打我吧？"我爸说："你先下来！"我又问了几遍，我妈说："你爸啥时候打过你啊，他不会打你的，他就是气着了。"我爸好像也表示不会打我，只要我跟他下去。

然后我坐在餐厅一边，他坐桌子对面，开始吼我，说我们娘儿俩

一、学业压力　　047

不想让他过个好生日（那天之前是他的生日，那天已经不是了）。他又说我们娘儿俩给他送紫色的花，还是纸花，是不想让他活了。那一捧花是我跟我妈做了一个下午才做出来的，我好像就做了一朵吧，剩下的都是我妈做的，我妈当时可高兴了。那不是纸花，那是布的，是手工DIY的花，还有模板呢，就是用来送人的。我爸继续吼我，说他死了我俩也别想好活，说全家就他一个人挣钱养我们俩，他在外面累死累活的，说我们俩要是想过得好，首先要让他高兴了，全家应该以他为主。总之，他吼了我好半天，估计超过半个小时。

我当时差点要哭了，但我一直都不让自己哭。我就盯着大门的方向，一旦发觉他有动手的倾向我就跑，跑到外面小卖部去报警。天黑没路灯，他应该不会轻易找到我，而且我年轻，跑得肯定比他快。

他没动手，就是吼我。我妈在客厅的床上躺着，一句话都不说，就让我一个人承担，我觉得挺难过的。她后来跟我说，我爸那么生气，她再劝就是火上浇油。我知道她有理，但我还是难过。她有理由沉默，我也有理由难过。我站在我的立场上难过很合理吧！

我当时被吼得一直想哭，一直发抖，我就在心里默念不要他了，不要他了，我不要他了，就是说以后他就不是我爸，我只尽法律上的义务。

他吼了半天，气消了，走之前还给我倒了一杯水，让我好好想想，以后不要再这么做了，以后都不许锁门了。他走之后，我妈才出来问我吃不吃饭，跟我说让我顺着他。

当天晚上我做梦都在计划逃跑路线，他要是突然反悔了要拿菜刀我该怎么办？

后来我跟我一个玩得比较好的同学说了,她说她小时候她爸也打过她。我噎住了没再说。当时我爸还威胁我,说之后他再回家的时候,惹他不高兴了,他一定揍我,狠狠地揍,拿腰带揍。我觉得我可能活不过下个星期。

后来我跟我最好的朋友和好了,我跟她说了这事。我跟她说我可能活不过两个星期,说我死后她一定要去警察局帮我的忙。当时我特别绝望,本来就emo,又被"恐怖片"轰炸,精神状态非常不好,就想着死了怎么办啊!

我老早就觉得我爸性格容易激动,真做出来什么不好说。我问我妈为什么不替我说话,我妈说咱家房子不隔音,让邻居听见多丢脸。我难过,但表示理解。之后我就再也没在他俩面前崩溃过,因为我觉得没用。

- 4 -

有一段时间我很"丧",一直想自残,但又不敢割深了,怕疼。后来我发现我就是想引起其他人的关注,想要关爱但感觉这方式没用,然后就没继续了。

我当时想,如果我真想死,其实谁都拦不住我。我们家附近有一栋楼很高,有30多层,我可以借口去楼道溜达溜达,然后直接跳,干脆利落;或者是我们住的楼也行,6层,跳了不死也残;或者是等他俩早上都出门了让我自己吃午饭的时候,直接割腕也行,一般他俩都下午或者是晚上才回来,那个时候我都死透了。说是想死吧,其实我还是想活着。或许是因为有求生的本能,或许是因为咱从小就是乐观主义者。

我找网络上的心理咨询师，每小时30元优惠价，试了几次，只能倾吐情绪，别的没用。后来找了一个每小时160元的，他也给了学生优惠，要不然是每小时700元。我看他朋友圈里面好评如潮，觉得他特别可靠。

当时我又在emo，周末作业拖着到周日晚上八九点钟还没写，我又要通宵了。每到这个时候我都在emo，但又不知道为什么拖延、为什么emo。我找他聊，他说我这个问题应该多聊几次，说我最好和家长协商一下再来。我说："我没钱，钱是我爸挣的，全家只有他有工作。"

我本来想多聊几次，因为我觉得我当时可能要自杀了，他应该会善心大发多陪我聊一会儿。我记得当时情绪可能太过头了，不找个人说一说的话不行，就想拉着人多聊聊。当时我和他说话的语气也带着刺，我就寻思着看他是不是专业的。我认为我在讲述时并不只是讲述，我讲述时的语气、语调甚至侧重点，都是内心情况的表达，如果是优秀的咨询师，即使我很冷静地说话，他也应该能看出端倪。

我这可能是另一种想引起关注的方式吧！更隐晦了，但还是渴望关注。我寻思等我以后攒够钱再说吧，给了价值才能有收获，连情绪也是这样。

后来我还是倾向于自己拯救自己，能救我的只有我了，谁都救不了我了。我装作很正常，真的不会有人发现什么。我要是想死，真就谁也拦不住。

我也不知道我为什么活着，总之在我最难过、最想跳楼的时候，心底最深处还是想活着，还是保留了一丝被拯救的希望……

采访手记

不要成为孩子的增压泵，
而要当好他们的减压阀

"我们学校属于低配版的衡水中学。"

"我们学校就是那种'衡水模式'。"

"我们校领导去衡水考察了，带回来一整套方法抓我们的学习。"

……

当越来越多的学生这么向我介绍自己的学校时，可能意味着某种趋势在全国蔓延。

"衡水模式"可以算是应试教育的极致代表，真正意义上把学生打造成一台台学习机器，不能兑换成分数的一切都被排除在生活之外，这种方法毫无疑问在选拔类考试中能得到亮眼的分数。但硬币的另一面，"衡水模式"同样在催化各地学生对学习心生厌倦甚至厌恶，那是隐性的或者说被忽视的代价。

像林青这样的学生不爱学习吗？不是吧。只是在这样高强度、长时段、反复刷题、强调竞争的环境中学习，让她痛苦。班主任是这么宽慰他们的："高中三年就是熬，熬过去就好了。"她在微信里问我："如果熬过高中，熬过大学，熬过考研，一辈子还是只能熬的话，那我熬着还有什么意义？"

我能想到用"熬"这个字来度过时光的地方，是监狱。

教育本该让孩子品尝获得新知、满足好奇的愉悦，这才能真正意义上唤起孩子对学习的内在动力，但"衡水模式"的笃信者们，无论是老师还是家长,强调的都是"读书改变命运",非要将学习实用化、功利化。

好,现在问题来了。孩子们说:"一来,我衣食无忧,不想改变命运;二来,读书的红利越来越薄了,'985'毕业生都可能送快递。所以请告诉我,我为什么要读书?我为什么要过这样的日子?"

有一天,林青不想上学了,给我发来一段文字:我发现,根本没什么好分析的,就是讨厌学习,就是学不进去,就是作业做不完,就是单纯难过。

如果仅是个别孩子厌学,那可能是个体问题,如今,学生厌学变成一个普遍现象,那一定是社会问题。

出路在哪里?让孩子们学会坚韧、顽强拼搏,去适应、去胜出吗?我觉得这很荒唐,因为我们不能不顾一个基本事实,高强度、强竞争教育的模式设计是违背教育目的,甚至是违背人性的。

我相信,我们的教育政策和教育工作者都在向着更好的教育愿景靠近,但显然,教育制度无法一步优化到位,学校的竞争烈度无法立刻削弱,不少任课老师的教学方式无法尽如人意……那当下的可变量是什么?是家长——**父母是目前整个教育生态中最大的变量!**

让我们一起来思考一个问题:一个班50个学生,面对同样的学业压力,并不是所有孩子都被压垮是不是?那区别在哪里?为什么有的孩子扛得住,有的孩子扛不住?

打个比方,每个学生的肩头都负载了100分的学业压力,有的父母是孩子的减压阀,有的父母是孩子的增压泵。父母的介入决定着最后的压力值。如果一个孩子只能承受80分的压力,每天回到家,父母阀门大开,帮着孩子把压力降到50,那他第二天照样有去学校迎接挑战的力量。如果一个孩子本身能承受120分的压力,但父母不断叠加放大，把压力升到了200，这个数值远远超出孩子的负荷能力，他就会系统性崩溃。

由此可见，今日的教育制度纵有种种问题，但都不构成我们随波逐流的理由。**身为父母，我们可以做的是：不要成为孩子的增压泵，而是要当好他们的减压阀。**

今天，父母有必要再来问一问自己：孩子的教育，你到底最看重什么？在回答这个问题之前，我们先建立一个认知基础：**孩子不是学习机器，他们都是有丰富情感、有独立意志、有自我实现需求的活生生的人。**

请先把孩子当作人来对待，然后我们再来思考，什么样的教育环境适合孩子成长。就算为了升学率，我们不得已还是要让孩子在"衡水模式"里"卷"，那么，请给予他们最深切的理解和最有力的支持！

首先，不要嫌弃他们的考分，不要耻笑他们的排名，不要漠视他们的努力。要告诉他们，爸爸妈妈看见了你的付出。

有一次，我们办线下工作坊，给家长们布置了一个作业：请大家回去后跟孩子一起盘点一下，他们一天24小时是怎么度过的。第二天，有一位学员妈妈分享说：女儿把每个小时的安排列出来之后，我才知道她有多么辛苦，基本没有时间可以用来做自己的事情。她把这个感触当面跟女儿反馈了，女儿激动地抱着她说："妈妈，你终于知道了吧，你终于知道了吧，我真的已经很努力了！"

这份"看见"，是共情的基础，也是理解的前提。今天的孩子们真的不容易。

其次，谈支持，我想挑战一下你，敢不敢冲破"内卷"的浪潮，让孩子用身心健康的方式成长？该吃吃，该睡睡，该玩玩，该动动，同时给孩子腾出自我探索、自我发展的时间。

一、学业压力　053

不当考试机器,做一个正常人,就读不好书了吗?好像没有研究支持这个结论吧?所以,一看到孩子没把时间用在学习上,就认为孩子在荒废时光、在不务正业,这是一种病态的偏见。

我更想告诉你的是,**在孩子的求学道路上,真正决定孩子学业表现的,是"情绪"**。情绪好,孩子就能呈现出相对自己来说更好的学习状态和学习成果;而情绪差,就算学霸也会走向厌学。

今天,我们该如何支持孩子?道理说起来真的简单到令人心疼了,把孩子当作一个正常人来养吧,满足他生而为人的需求,让他开心一点。

03
"'躺'不平又'卷'不动的我不知道该怎么办!"

小G／男生／高二／上海

概述："躺"不平又"卷"不动,对自己的问题心知肚明,但不知道从哪里下手改变。

读到高二还从来没上过补习班的学生算是异类了，而这次期末考试的成绩，让小G看到了差距，有了紧迫感。

我详细了解了小G的日常作息，他描述的学习生活是高中生的常态，坦率说，比职场"996"更繁重。一天里，除了上课和做题，还有什么？好像没有什么了，但是在"没有"之间，还是要苦中作乐下吧，还是要偷懒懈怠下吧，还是要纠结挣扎下吧，否则，活不出人的滋味。

有多少学生像小G一样，仿佛一直在做"仰卧起坐"，"躺"不平又"卷"不动。如果你不明白孩子为什么上课会睡觉，为什么做作业时会看手机，为什么有时候学习会没有动力……那么，看看小G的内心戏，这个直率的少年非常开诚布公，访谈结束后他说，好似跟我玩了两个小时的真心话大冒险，他一直输，于是讲了两个小时的真心话……

-1-

陈瑜 能跟我说一说,你们高二学生每天的作息是什么样子的吗?

小G 我们是要求7:15之前到校,我6:30左右起床。以前是我妈叫我起床,有一次叫了两三次,我没起来,她上班就有点晚了,之后就让我定闹钟。

一般闹钟响了,我可能会拖个两三分钟,然后像游魂一样穿两件衣服,又停顿个半分钟、一分钟,突然想到要上学了,然后赶紧穿衣服,就起来了。

15分钟左右搞定洗漱,早饭时间5~10分钟,然后冲出门。我妈开车送我,有时候会在车上睡会儿。

7:15到校,我们有早读课,说是早读,实际是要上课的,英语早读的话会做卷子,语文早读的话有可能会默写。

8点开始上课表上的第一节课,上午一共4节课,每40分钟一节,课间休息10分钟。当中有个大课间,如果没下雨,天气不冷,都是去外面做广播操,冬天的话基本上就是跑操,差不多持续15分钟,因为集合还要时间。

上午的课上到11:35,然后开始吃午餐。餐后直到12:15应该算是我们的午休时间，可以去操场上走两圈，也可以写作业，是自由的。

12:15上下午的课，也是4节，然后加上晚课，上到傍晚5:05。晚课是用来测验之类的，也有可能上课。

这样算下来，包括早读和晚课，一天上10节课。

放学后，我们班最多的时候大概1/4的同学自愿留下来写作业，像晚自习一样，晚的话，做到6:30、7点都是有可能的。

我骑自行车回家，基本上7点左右到家，吃晚饭20多分钟，差不多7:45开始写作业。周一、周三作业比较多，所以会写得比较晚，一般要写到晚上11:30、12:15、12:30这样子。写完作业就直接睡觉了。

有同学精益求精，会搞到很晚，或者他们还有校外补课作业，这样可能就要做到凌晨1点多。

陈瑜 平均来说，你每天的睡眠时间大概在6.5个小时。

小G 差不多。

- 2 -

陈瑜 我听了你这一天24小时的作息安排，运动部分除了大课间的做操、跑操和日常的体育课，还有其他的运动时间吗？

小G 每天从家到学校骑车来回算吗？

陈瑜 还有娱乐的时间吗？

小G　上学期坐地铁回家,可能会看一下手机。回到家,我妈还没回来之前,我可能也会看一下。

陈瑜　做作业的时候会不会时不时地瞥出去看看视频、回回消息?
小G　会。

陈瑜　你晚上做四五个小时作业,有多少时间注意力是飘出去的?
小G　我一般都是双线程,把手机放在右边,然后写作业。注意力飘出去的时间加起来应该也有一个小时。

陈瑜　你觉得这种方式对你的作业效率有影响吗?
小G　做数学的时候很有影响,抄写什么的就没有影响,然后……还是会有吧。

陈瑜　你做作业的时候手机放在边上干吗呢?
小G　我后台听视频,戴个耳机在那里放着,我听听声音,听到感兴趣的就看一眼。

陈瑜　做作业的时候需要声音的陪伴?
小G　可能只是觉得如果一天只做作业会有点无聊嘛,有时同学推荐给我一些视频,我也会去看两眼。

陈瑜　有没有一种可能,你先专心把作业做好,然后匀出一整个小时,可以安心地看?
小G　我其实很多次这样想过。但首先,我觉得我妈不会让我作业做完后无所事事地看一个小时手机,这是不可能的。其次,

一、学业压力　059

我也没做到过，有的时候其实作业比较少，但还是写到了晚上11点左右，这时会觉得自己有点不应该，就想第二天不要看手机了，但是第二天又是这种双线程。每次双线程后，总会自我反省。

陈瑜　这对你来说是一种内耗吗？纠结挣扎？我知道我应该这样，但是我做不到。

小G　对对对，会有点自我内耗。

陈瑜　我有一个猜测，如果你抓紧做作业，10:30做好了，接下来10:30—11:30就纯刷手机，你会觉得这样的时间安排有点过于奢侈？

小G　是的，感觉比双线程还难以接受。

陈瑜　是你自己难以接受，还是你妈难以接受？

小G　都难以接受，因为我做完作业之后，我就会想，我为什么不再去做一点教辅什么的。

陈瑜　也就是说其实到了高中，你给自己安排娱乐时间的话，也会有一种小小的罪恶感？

小G　对的。

陈瑜　在学校里呢？有没有什么休闲娱乐？

小G　课间和同学一起上个厕所，中午可以出去聊聊天。我们学校附近有一家汉堡店，周四有折扣，一般来说周四放学有时间大家都会去，这是我们的"疯狂星期四"。

陈瑜　这段时光对你来说意味着什么？

小G　很快乐，不用考虑上课的问题，不用想学习的事情，可以在那边待半个小时到一个多小时。

陈瑜　你们聊什么呢？

小G　一般来说，我们就在那边打游戏，聊游戏剧情，聊最近的时事，也会聊学校，比如说今天食堂饭菜多难吃什么的。

陈瑜　"疯狂星期四"是一周比较期待的时间段吗？

小G　对的，而且周四有很多副课，作业也比较少，所以周四一整天都会比较欢乐，其实应该说是轻松。然后一到周一，就像坐牢。

陈瑜　周四那一天会有一种充电的感觉，对吧？

小G　对。

陈瑜　那真好，我还蛮少听到其他学校有这样的安排。

小G　对的，这是我们学校特制的"摆烂政策"。

陈瑜　双休日呢，有没有时间做点自己想做的事情？

小G　我双休日没有补课，很少会有其他事情，就是做作业。不过我们周末也不会有同学约出去玩，大家都在补课，有的人周中也会补课。

陈瑜　读到高二还没有补课的，你同学当中还有吗？

小G　可能我们班也只有5个左右吧，反正很少，绝对很少。

- 3 -

陈瑜　你的学习压力在你们班是不是属于比较小的?

小G　之前还蛮小的,现在压力还是蛮大的,成绩有点下降了。

陈瑜　成绩下降的原因是什么?

小G　因为之前没有提前学,没有做知识准备,还有学习效率的问题,磨蹭耽误复习的时间,就没有复习,所以之前的知识就了解得不够透彻。

我的态度也有问题,但说实话我不知道该怎么说,也不知道该怎么改正我的态度。我跟同学说自己会一直很烦,感觉每天都在上课,最后还是不行,觉得自己上课这个时间都浪费了,就会很焦虑,感觉自己一直都是假装认真,就是假正经。他说他也有这种感觉,都这样。

陈瑜　"假装认真"是什么样的状态?

小G　可能就是写会儿作业、看会儿手机,然后上课的时候经常走神。但是说实话,这种状态可能还真不是有心的。我知道这样不对,然后我也努力想去改,但是总会有一些偏差。有可能我上课撑不住想睡觉了,有可能突然手机收到消息去看两眼,有可能哪怕一直看着老师但还是不能理解,就会觉得很焦虑,知道自己不应该这么做,但是想改也不知道该怎么改。

我也经常反思,应该要好好去理解老师上课教的,我也确实努力过。我坚持这个学期上课不睡觉,前面两个月都很好,后来可能是因为入冬了,我要冬眠,所以上课睡觉的次数就开始逐渐变多了，平均下来每天可能要睡一觉，睡的时间从5分钟到15分钟不等。如果前两节是主课，第三节是副课，那我前两节课就会选择强撑一会儿，到第三节副课主动去睡一觉，感觉这样可以养精蓄锐。

陈瑜 趴在桌上睡觉，老师会说你们吗？
小G 主课老师一般都会说。他们看你有点瞌睡，就叫你起来回答个问题。

陈瑜 总体来说，你们还是太缺觉了，真的是只能靠意志力扛。
小G 对，坚持啊，后面只能捏着自己的眼睛努力不睡。我妈妈还给我发《如何让自己不睡着》，什么低头弯腰去让血流到脑子里面，努力揉自己的眼睛，还有屏住呼吸、吃薄荷糖什么的，这些都试过。

陈瑜 风油精涂起来，哈哈哈。
小G 涂了涂了，真的涂了，然后那个瓶子被我摔碎了，现在还摆在家里，当个香薰用。

陈瑜 嗯，等于各种原因综合在一起，使得你上课做不到那么聚精会神、那么高效吸收。
小G 我对于"高效吸收"这个词还不太了解，因为比如在语文课上，我哪怕把所有的笔记都记下来了，但是你要说我真的记住了吗？也不一定，虽然笔记确实能看，我也能复习。大家都说课上要高效吸收，要理解老师的思路，我对这种说法还是有点迷糊。

一、学业压力　063

陈瑜　你觉得自己假装认真是不对的，你也经常反思，那阻碍你改变的原因是什么呢？

小G　可能是我的身体、我的脑子。身体肯定占一点点因素。我会觉得特别困，怎么改也改不了，这是没办法的，因为晚上睡得少。但是晚上睡得少也是可以改的，只要写作业的时候更认真一点，写得再快一点，但是写得再快一点又不容易做到……就是这种环环相扣的感觉。要想改变的话，就得一下子整体都变好，但是着手做会比较难啊。

我妈经常说，试试以后写作业把手机放到外面来，但我觉得这样反而会写得更慢，因为手机放外面心会不定。

陈瑜　为什么手机放外面心会不定？

小G　我会用手机查作业，比如说那种练习册，懒得做，就直接拍了照上网查。有时候做题不太确定，其实查了以后有很大的概率自己都是对的，但还是想查，如果不查的话还会有点不敢下笔。

陈瑜　除了这个解释，我还有一个猜测：有手机在边上，你会觉得你跟外部世界或者同学还是有联系的，但是把它放外面以后……

小G　（打断）可以这么说，可以这么说，就觉得自己没有错过任何信息，更安心。

陈瑜　没有错过什么信息？

小G　比如说微信消息，我倒是不看朋友圈的。

陈瑜 就是班级群等各种群的消息?

小G 对,班级群那种,然后也可能有同学问我今天过得怎么样或者作业的事。

陈瑜 我能感觉,要说这些消息有多重要,其实一点都不重要……

小G (打断)没有多重要,对,但手机放着就像那种镇宅之宝之类的。

陈瑜 然后同学群有个红点,你就去看一眼,其实跟正在做的作业毫无关系,但是你就觉得我没错过,我仿佛和一群人在一起自习。

小G 对!

陈瑜 说起来很有趣,其实我们小时候是没有手机的,我们各自在家里做作业,也就做了。你觉得做作业的时候,有一个群体在线上,这对你来说意味着什么呢?

小G 这意味着你感觉自己被关联了吧,自己有能力去了解外界发生的事情,自己可以选择自己要做的事情。

陈瑜 也不那么孤军作战?

小G 对的。

陈瑜 虽然这样会降低学习效率,但也是一种需求,所以的确挺纠结的。

小G 对的,自己也知道这样会降低效率,但还是会选择把手机放在边上,确实挺纠结。

一、学业压力　065

陈瑜　我觉得今天的孩子其实内心挺孤独的，那种希望被联结的需求很强。

小G　对的，而且感觉越来越明显，有社交的需求。

陈瑜　你们在现实生活中社交这方面是缺失的，大家没有那么多的空闲时间去说一些无聊的话。

小G　只是在学校里是缺失的。

陈瑜　嗯，你说的情况很真实，我也特别能够感同身受。

- 4 -

陈瑜　其实我觉得你对自己的状况理解得还挺全面的。

小G　嘿嘿，我一直觉得我知道自己的问题在哪里。我爷爷说："道理你都是懂的，希望你能够去做。"我其实经常会去分析自己的问题在哪里，但很多时候仅仅是分析，缺乏一个痛定思痛的过程。

陈瑜　什么叫"痛定思痛"？

小G　比如说这次没有考好，这次又磨蹭了，我需要反思，更需要给自己的反思找个方法开展行动。说实话，我本来就没有能力去做这件事情，哪怕真的在反思，也很难去开展行动。所以我觉得在这方面需要一点外力，也可以说是帮助，可以找同学或家长，找老师也可以。

陈瑜　也就是说，你觉得从反思到行动，需要一些外力来帮助你？
小G　对的，毕竟靠自己已经这么久了，还只是停留在反思阶段的话，说明还是需要一点帮助的。

陈瑜　这一次帮助你的外力是什么呢？
小G　比如要妈妈帮我报一些补习班，或者跟她一起分析一下。

陈瑜　之前你妈妈建议你报补习班吗？
小G　好像跟我建议过，我说再等等，因为当时感觉成绩还凑合。还有因为高一的时候觉得作息挺紧的，感觉自己没有那么多余力，因为一直有一种说法：有余力了再去找外面的，先跟上课内老师的步伐会更好一点。我当时也是这么想的。
现在报补习班，首先是因为寒假还是有一点点时间的，其次就是感觉确实有需要，我发现我和同学确实存在差距。

陈瑜　说到差距，你目前的水平是什么样的？你期待的水平是什么样的？
小G　我期待的水平是至少能到班级的中等偏上，现在已经是中等偏下了，或者已经是下了，不知道，差不多。

陈瑜　说起来你其实对自己是有要求的。
小G　可以这么说。

陈瑜　现在有紧迫感吗？
小G　有啊！我妈给我分析，我要是按这个成绩去高考，就只能考什么什么样的，就感觉，哇，压力好大！

一、学业压力　067

陈瑜　接下来高二下学期，你觉得紧迫感是因为时间上的压力吗？

小G　对，首先在时间上会感觉来不及，这是肯定的。还有成绩上的压力，还有同学之间会比较嘛，也会带来点竞争的压力。比如说他去补课，或者他体育好，这样也会有一点压力。找自己不行的地方和别人比较一下，就会有压力。

陈瑜　虽然咱们在行动上没有那么激进，但是内心还是会有这种比较的，对吧？

小G　对。

陈瑜　你怎么去消化压力呢？

小G　就是睡一觉，我这个人睡一觉就好了，真的。

陈瑜　你还是心比较大的。

小G　对，我觉得这也挺好的，我从小就是睡一觉就好了的类型。

陈瑜　你本身性格就是这样子，那对绝大部分同学来说，他们现在是什么样的精神状况？

小G　精神状况，我说实话，感觉没那么好，毕竟现在的学生很少有觉得自己学校好的，我认识的所有人都在骂自己的学校，所以精神状况没那么良好。

我同桌就真的很辛苦，甚至有点偏执。举个最简单的例子，比如英语听力，老师会说要把听力里的一些关键的内容写下来，我一般写个两三行，一些人就是不愿意写，也能记得住，因为没那么难。然后我每次看我同桌的听力卷子，全部都是满的，他基本上把长段听力的每一段都写下来了。

还有一个很经典的例子，语文的文言文卷子，老师让我们回去查实词，比如一句古文十个字，人家查三个左右，他基本上要查六七个。他卷子上全都是黑压压一片，复习的时候看都看不清，也不知道哪个要考、哪个不考。
他每天做作业要到凌晨一两点，真的逆天！

陈瑜 你坐在这样的同学边上，有压力吗？

小G 压力是没有的，但是有点难受，因为他过于认真，搞得我有一点累。比如说上课我想睡一会儿，他就说"上课不要睡"，就拍拍我。其实这还好，但问题是做眼保健操时，我想睡一会儿，他也会说"醒一醒，醒一醒，该做眼保健操了"，就是这样子。你说上课拍我，这是对的，但是做眼保健操拍我，我就觉得很烦，就不想理他了，太较真了。

陈瑜 他凌晨一两点钟才睡觉，也要7:15之前就到学校，他睡得比你还要少啊。

小G 我很佩服他，他很少在课上睡觉。有时候午休课，老师不上课，他说："我要睡一会儿，我太困了，但你记得待会儿12:15的时候叫醒我。"我说："好好好，你睡你睡，你睡那么晚，睡那么少，赶紧睡。"然后他就趴在桌上。
但关键是他上课一点都看不出来很困。你知道吗？他眼都不闭的，也不趴在桌子上的，每次就端正地坐在椅子上。我真的很佩服，没见过这么能撑的人。

陈瑜 听上去的确绷得好紧啊！你们班有焦虑、抑郁的孩子吗？

小G 我们班好像还真有一个抑郁的，重度焦虑加抑郁，我不知道他现在是在家还是在什么地方，但他好像是休学了，后面一两个月都没看到过。

陈瑜 现在的孩子出现心理问题的很多，尤其是高中生，学业压力特别大，你们同学之间会聊到这些话题吗？

小 G 我们班聊这个倒聊得挺少，大家都会开玩笑说"我有抑郁症""我有焦虑症""我有什么病"，大部分就是嘴上说说。

- 5 -

陈瑜 你读书读到现在，状态最不好是什么时候？觉得太烦了、太厌倦了，或者我实在是不想学了，有这种状态吗？

小 G 最明显的时候，就是真的很努力地去学了，但发现自己还是不行。比如说周末努力复习了一天，周一考试检验，结果发现自己还是考得不好，然后可能就会意识到自己都是假正经，或者自己真的不行，会一下很沮丧，觉得有点迷茫、焦虑，然后就有点不想学了。

陈瑜 你之前有过"今天起来我实在不想去上学了"这样的念头吗？

小 G 有，好像上个学期有过一两次，我让我妈帮我请假。可能是因为一下子太累了，一想到明天要考两场试，还要默写，一整天都是事，就觉得，哇，去学校就是去坐牢，去干吗呢？还不如不去，然后就不想去。

陈瑜 你两次提到去学校就像坐牢一样,那是什么样的感觉?

小G 特别是周一和周三,全是主课、小三门、合格考,时间基本上被占满了,所以我觉得像坐牢。

陈瑜 要熬过去,一节课一节课往下熬的感觉?

小G 是的。

陈瑜 实在有点不想去面对它了?

小G 对的。

陈瑜 后来有没有让这样的情况重复出现,再继续一直请假、一直请假?

小G 没有,因为发现自己还是要去上学。我妈当时确实也很开明,她跟我说:"如果你是突然觉得学累了,很难受,今天不想学了,可以,我今天帮你请假,但是你明天还是要去上学;如果你是真的不喜欢学习了,那就不要去上学了,还不如退学,毕竟你学了也没有用。"我休息一天就去补个觉,调整自己的思路,然后发现自己迟早还是得面对。

陈瑜 你觉得妈妈那个时候语气里有没有责备?

小G 有一点点,因为毕竟我没有去上学,还是有一点点责备的,但是她确实把自己想表达的表达出来了。

陈瑜 想到接下来这一年半,还有三个学期,你是什么样的感受?

小G 会有苦难,会有坚持,会有一些自己的改变。当然"苦难"这个词其实可以指更多东西,首先是学业会重,还有作息

一、学业压力

时间可能也会改变，比如说睡得会更晚，然后可能也有一些心态的改变，比如说自己成绩又变坏了，或者又变好了，会有很多的变化。

陈瑜　面对这样的变化，你现在信心足吗？
小G　现在怎么说呢，因为之前一直相信会变好，但现在还是不太好，所以我觉得应该把自己的想法加给未来的自己。

陈瑜　"把自己的想法加给未来的自己"是什么意思？
小G　比如说我一直想我会变好的、我会努力的，但实际上还是要自己去做出改变。

陈瑜　不能让很多事情仅仅停留在想法上。
小G　对。

陈瑜　说到改变，这一年半你期待的改变是什么？
小G　首先自己能找到更好的学习方法，还有最直接的就是成绩能够提升，然后睡觉睡得多一点。

陈瑜　高中毕业就要读大学了，你对更远一点的未来有什么构想？
小G　说实话，我现在挺迷茫的，不知道自己该去哪个大学或者说该有什么样的未来。

陈瑜　你未来的理想生活，如果是一个场景，是什么样子的？
小G　我期待中的自己能有一个比较稳定的工作，不用为生计发愁，然后平时能过得比较快乐，这样就挺好的。

陈瑜 你们学生可能也会看到很多新闻，说现在经济发展放缓，大学生工作不好找，这样的外部信息会影响到你们吗？你们对未来也会有很多的怀疑吗？

小G 会，而且我们都知道，但是大家还是会选择坚持。

陈瑜 那坚持的动力是什么呢？

小G 可能有自己未来想干的事情，还有家人，我能想到的就这两点。

陈瑜 如果我们把高中三年比作一条路的话，你现在走在中点上，你觉得自己走在这条路上的姿态是什么样的？

小G 我觉得就是"路漫漫其修远兮"，然后要"上下求索"。走过去的话，就是自己的丰碑，它也见证了自己之前的努力，当然也会有自己的痛苦，同时也展现了自己曾经的收获。

采访手记

找到学业"卡顿点",
助力孩子摆脱"内耗"

"卷"不动又"躺"不平,有多少学生在做"仰卧起坐"?太多了。

小G描述自己的这种状态时,用了一个词叫"假正经",我明白他的意思,是说很多时候他在假装努力。

"假正经"背后有这样一些心理动机。

首先,作为学生,我知道自己应该努力学习,但其实我不想,觉得很没劲,所以只好假装;其次,不管我有没有学进去,我一直坐在书桌前,没有功劳也有苦劳,爸爸妈妈可以不来烦我了;最后,我把那么多时间都用在学习上了,也算给自己一个交代。

但这样真的就心安理得了吗?并不是,因为假装努力换不来学业的进步,而所有的时间都被这么"吃"掉了,也没法开开心心做自己想做的事,所以还是会沮丧、迷茫和焦虑,于是内心就有了冲突,开始内耗。

处于内耗状态的学生,绝对不占少数。

如果你家孩子作业越做越晚,看着挺卖力,但成绩没有起色,那很可能他们在用表面的努力掩饰内心的厌学。这时候,催促、责骂都不管用,他们需要的是切实而又具体的帮助,就像小G说的,他希望补一补之前的学习漏洞,完善一下自己的学习方法,他知道问题在哪里,他需要外部的一些助力。

从学科层面来说,**应试的关键不是投入多少时间,而是如何提高学习效率,在单位时间内获得最大的产出**。这样既能获得效能感,又能多出空余时间,孩子的学习感受度会好很多。

聚焦到如何提高学习效率的问题,就是用我们之前提到过的方法论,在问"怎么办"之前,先要搞清楚"怎么了",把阻碍孩子学习效率提升的卡点问题找出来:

孩子对学习意义有所质疑,没有动力?

孩子时间管理没有章法,统筹不好各门学科?

孩子反感重复刷题,就是不想做?

孩子理科思维欠缺,就是学不懂?

前期的某些基础知识没有牢固掌握,导致只要是做到涉及这个知识点的题目,就会一错再错?

……

还是那句话,我们要看懂孩子碰到的真实问题,然后心平气和地与孩子一起探讨解决方案。画一下重点:心平气和。

心平气和意味着两点。1. 你关注的是卡顿点。不会说了没几句就上头了,开始评判、责怪孩子。2. 你能听懂孩子的处境。不会高高在上、指手画脚给建议,你听我的这么做,你的成绩就能提高。

孩子们不需要父母的评判和建议,他们需要有人能认真聆听、适时提问,帮助他们看清自己是怎么掉进这个内耗的线团里的。就在这来来回回的对话中,问题和答案都会浮现出来,我们再来理出第一根线头,慢慢抽,慢慢捋,让线团不再打结。看了小G和其他孩子的访谈,你也能感知到,孩子们心里都跟明镜似的,他们最知道自己怎么回事、需要怎样的帮助。

从心理层面来说，我们要向孩子传递出一个明确的信号：**爸爸妈妈**会坚定地站在你这边来打败问题，而不会站在问题那边来打败你，所以我们特别愿意协助你从假装努力的内耗状态中挣脱出来，并且发自内心地相信你可以做到，一步一步来，没关系。

04
"上学的每一天我都度日如年,一直在自救,硬撑过高考……"

乔一／女生／大三／陕西

概述：将学习成绩与自我价值画等号,追求完美,害怕失败,焦虑、抑郁到恐惧上学。

乔一从高三开始失眠、抑郁,她没有服药,也没有休学,坐在课堂里度日如年地硬撑过了高考。

按她的话说,她一直在自救,无论是用各种手段"驯化"妈妈,还是借钱做心理咨询,她都希望有人可以不加评判地懂她。

她懂自己吗?不好说,她依然在寻找自己的路上。

期待有一天,这个从小优秀的姑娘不再需要他人认可,也能够看见自己……

- 1 -

陈瑜 跟我说说你的自救过程吧!

乔一 我高二的时候,压力就很大,不知道发生了什么,就出现了一些抑郁和焦虑的状态,开始失眠。这个过程比较艰辛,因为身边能理解的人很少,就只能自己去找咨询师,去了解自己。

陈瑜 高二发生了什么事情,让你有抑郁情绪?

乔一 我也说不上来,好像是负面情绪积累到了一定程度。
我记得有一次考试,我主观上放弃了复习,名次就下降得很厉害。我们班50个人,那次我考了30多名,不太能接受。
有一天晚上,我突然就睡不着了,感觉脑子里的想法好像停不下来,有老师在骂我、批评我,会想明天化学方程式怎么办,后天听写什么……这样一个状态,就怎么都睡不着。

陈瑜 你说你主观上放弃了那次考试,为什么呢?

乔一 可能因为我小学学习比较优秀吧,一直都是班上的前几名,当班长，然后当学校大队长，非常受老师关注，很积极，也很踊跃。到了初中之后，可能稍稍会有一些落差。但是初二的时候，通过自己的努力又重新考到了班级第一、第二。

我在你的《少年发声》中也看到过类似的故事，越是这样的孩子，越是每次都很想考好。

中考的时候，我就给了自己很大的压力，到了高中，觉得自己好像变得小心翼翼，想学好，有点完美主义，特别害怕犯错，就不允许自己出错了，每次考试压力都会特别大。

我就觉得，是不是因为我没有犯过错？我当时很天真，就想也许我有一次考不好，可能就不会再想着每一次都要考得很好，不用让自己一直保持领先，以后就能不给自己那么大压力。结果没想到分数出来的时候，自己其实是接受不了的。

陈瑜 当时爸爸妈妈和老师对你的这个分数，是什么反应？

乔一 我其实生活在单亲家庭，从我记事开始就一直和妈妈单独生活，她也不怎么关注我的成绩。老师好像没有太大的反应，因为我高中没有那么拔尖。然后我就更加自责。

陈瑜 那你失眠的事情，有跟妈妈说过吗？

乔一 我告诉了妈妈，她也不知道我怎么了，就说"有啥睡不着的"。她会列举很多后果，就逼我睡觉，我睡不着她就扇我，她质问我这么晚为什么不睡觉，为什么在哭，不应该！

陈瑜 你失眠是整夜睡不着，还是入睡比较晚或醒得比较早？

乔一 整夜都无法入睡，感觉很恐惧、很惊恐。

失眠会间接影响第二天的听课效果，注意力集中不了，好像在想一些别的东西，胸口也发闷。现在回想，当时已经有躯体化的反应了。

我的同桌、玩得比较好的朋友，一开始学习成绩在我后面，后来就看她们一个个考到我前面，我就有点着急。但是我越急，好像越事与愿违，就会觉得是自己不够努力。

陈瑜 对那时的你来说，成绩和排名到底意味着什么呢？

乔一 有可能是全部，可能真的是全部。

当时会有那种希望，希望自己能像小学和初中那样好，希望能获取老师的关注、表扬和认可。

小学的时候不只是成绩，我当班长、大队长，有很多的才艺，主持活动、朗诵、演讲，这些做得都比较好。可能是通过表现好，然后被看到，就会觉得能通过老师的反应去反观自己，就会增强自信。

但上了初中和高中，发现想要获取老师的表扬或关注，就得学得很好，然后就去"卷"成绩。我就觉得只有那样才能证明我是优秀的，所以我要努力学习，给自己提了很高的要求。但当时我不觉得要求过高，觉得那就是正确的。

陈瑜 老师的关注对你来说意味着肯定，你内心没办法对自己肯定，一定要老师说"你很好"，你才会确认自己是不错的，是这样吗？

乔一 真的，我可能有点自卑，我的自我肯定可能也是来源于成绩，很奇怪，需要那种结果性的东西去证明。每次成绩的领先，会让我觉得我还不错。

一、学业压力　　081

初中的时候，我们学校分十几个考场，我开始在第五考场，慢慢地从第五考场考到前面考场的时候，其实内心觉得特别励志。努力学习的时候会觉得好棒，能看到自己的进步。

陈瑜 除了成绩，还有其他什么能让你自我肯定吗？
乔一 最后几乎就剩下成绩了。

因为小时候一直都很优秀，所以当时就会觉得自己一直都会是一个优秀的人。一到高中，看到人外有人、天外有天，我就真的接受不了。

我觉得自己很不好，再加上家里人说"你不努力，你这么脆弱"，那些话有点像是一个冰冷的事实，听完就会觉得自己好坏，好不努力，我感觉整个世界观都崩塌了，会觉得自己很不堪。

我当时写在墙上的话：希望你能做主，甘心做一个普通人。大家都是普通人，但我就觉得很羞于启齿。

- 2 -

陈瑜 这种焦虑、恐惧的状态持续了多久？
乔一 高一升高二的暑假全面爆发，有很多的波动，后来甚至恐惧上学。只要上公交车，看到有同学背单词，或者早晨到班里，看到有同学在学习，我都会焦虑、紧张、害怕，害怕比不过。

我的妈妈给不了我引导，我出现这种症状去找她，她不知道该怎么帮我。

然后我就住到了我小姨家，希望小姨能帮助我，但是我小姨反而将我的整个情绪给激化了。她觉得我没有原先努力，说"你落后了就应该去努力，然后追上去"。我说我焦虑，她就会说"有什么好焦虑的，你就做题"。她觉得我可能付出得不够，就说"你不要找借口了，你没有好好努力"。关键我还很听话，觉得小姨说得对。

那时候感觉脑子里有两个声音在打架：一个声音告诉我其实已经很恐惧、很害怕了，但我不知道发生了什么；另一个声音就拿小姨的那些话来引导自己，然后去学习。记得当时我有一个作业本，用来记录每天的作业。我不知道从什么时候开始，在背面抄那种励志的话语，例如"抬头要有勇气，低头要有底气"，有很多这样的话。有一种很分裂的感觉，脑子里好像没有自己的声音。

然后，我就彻底受不了了，整个人就崩溃了，开始全面地自我怀疑。

有一次成绩出来之后，夜间自习，我突然就哭了。我的同桌也不知道我怎么了，我也说不出口，我总不能说"你们学得好，我难受"，我不能说这些话。我就说我真的太焦虑了，但好像也没有"焦虑"这个概念，我一开始都不知道焦虑原来就是这种感受，我完全说不清自己的感受，满脑子都是我要怎么做、我还应该怎么样。

后来我主动去找班主任，因为感觉家里人好像帮不到我。对谈的结果就是老师给我讲了她的励志故事，告诉我："你看，你努力其实是可以进步的，不要灰心。"

我当时一写作业就紧张、焦虑，写不进去，然后老师就帮我免除了作业，但还是没有什么用。

高二刚开学的那几天我就崩溃了，不想上学。我告诉家人，但不被理解。我跟妈妈说，我可能得抑郁症了。我在网上搜，得抑郁症严重的话会死的，我印象中张国荣是得抑郁症跳楼的，我当时就觉得我是不是真的要死了。一开始家里人觉得我脑子"进水"了，他们觉得我在装病，最难受的真的是家人觉得你在装病。在他们看来，好像一切只是我想多了，都是我自找的。他们引导不了我，会觉得他们当时也没有人引导，都是吃完饭之后就写作业，需要什么引导？

因为小时候读到过毕淑敏的书，我就觉得我要看心理医生。我妈也不知道在哪儿找，就拜托小姨给我找。我去的时候，聊着聊着就崩溃地哭了。我前半个小时都在拿小姨和家人的思想跟咨询师对话，她看不到我，不知道我真实的想法是什么。后半程她说："你其实可以允许自己哭的，你可以允许自己不努力，我要知道你真实的想法。"然后我就告诉她，我不想上学，她建议我去医院检查。检查之后，是抑郁状态，说要开药。

我记得很清楚，我妈拿到药之后，就把药撒到了地上，然后我去捡。我妈觉得吃药会变傻，连我的班主任都觉得吃药会变傻，会影响身体健康，我吃了一次之后就没敢再吃了。

做完第一次心理咨询，家里人觉得怎么找一个咨询师越劝越崩了，就说这个不专业，是骗子，然后换了一个，寄希望于几次就要解决我的问题。

新的咨询师拿到我的结果后一看，跟我说了我现在是什么症状，又把我劝回学校去了。回去之后，真的，我每一天都度日如年。

陈瑜 度日如年是什么样的感觉？

乔一 真的很想死！

我想变优秀，我想变好，但满脑子都是"我不好、我不行"。作业我不会写，就抄答案，单词半天不过关，数学也不行，化学方程式默不过，又被老师留下来罚，"你要把方程式抄50遍才能走，让你家人在门口等着"……当时我们有8门作业要写，我觉得这些规划完全就都堵在一块儿了。

我想学好，但是我的行动是：我不会提前看，或者我提前看了也看不进去；作业我不会，我想抄答案，但是我又觉得不能抄答案；当我想玩手机的时候，都会有那种罪责感，会把手机扔得远远的。

出现了很多这样的冲突，每天脑子里都在打架，就是不太能够自我接纳。再加上小姨那边一急就说"你就是不愿意努力"，或者"你不愿意下苦功夫"，就让我崩溃，我就迷茫，就乱了。

- 3 -

乔一 其实真正让我起变化的，是我妈妈突然变了。

我觉得一直以来，我妈妈总是有一种情感忽视，不知道是因为她无法共情还是什么，我的焦虑已经严重到一定程度了都得不到她的反馈，感觉有个屏障一样，她不明白我在说什么。

好的父母像面镜子，他们能照到孩子，但我妈妈让我看不到我自己。

一开始她什么都不管，也不会关注我的心理健康，所以当出现问题的时候，她求助我小姨，将教育让权，我就感觉我被推出去了。当发现亲戚们都教育不了我，或者说都对我没有用的时候，她就觉得那就是我的问题。

然后她看我状态越来越差，已经闹到医院了，她突然有了一个转变。她可能看到我太崩溃了，可能崩溃到她开始要反思自己了。她真的会检讨，说自己太没有耐心了。

在我高中之前，所有学习都是我自己搞，一个人分析，一个人扛，我妈就没怎么操心过。可当我说："妈妈，你能帮我安排吗？"就感觉我好像退化到一种婴儿的状态。然后我就发现，当她帮我规划、帮我安排时，我的压力就会小很多，瞬间就轻松了。

每天我睡不着，她安抚我，拍我的背，也不再催我。我当时吃不下饭，会吐，她也不再逼我吃了，就说："你吃不下没关系，你想吃就吃。"

我记得那个时候我说得最多的一句话就是："真的可以这么做吗？"是她的改变让我后来好一些，不再有一种旷野无人的感觉。

陈瑜 妈妈的转变还挺神奇的，有很多妈妈就算醒悟了，但在行动上也没法做到位。

乔一 对。我猜测她害怕被心理咨询师批评，就立马做一个好妈妈，开始去帮孩子。

她耐着性子帮了一段时间，发现我恢复睡眠、恢复学习后，她又不行了，听不进去我说的，当我再去寻求她帮助的时候又感觉到失望。

我们俩好像总是对调的关系，我不像孩子，她不像妈妈。我有时候甚至要去教育她，我说"你要怎么教我""你要怎么跟我表达""你不要生气，你跟我好好说我们这是怎么了"。好像每一次都得我很崩溃、很无助的时候，她才能托起我。在90%的情况下，我都是后背没有人的一种状态。

陈瑜 当你恢复些，你妈妈又退回去了。你觉得你妈妈的改变是实质性的改变，还是有目的的改变，只是为了让你好起来？

乔一 妈妈的转变，说实话我也很好奇。我感觉我在"驯化"妈妈，从高中到大学我都在"驯化"她，我都在用自己觉察到的或者咨询中学到的方法去训练她，想要让她成为我期望中的那个样子。

我会表达"妈妈，我需要你给到我什么样的支持"，或者"你现在太急躁了，你能不能好好跟我说"。我说，"也许你这样，我就能变好""你这些话，给我多说一说""你告诉我没关系，考不好也没关系，我听了这句话，说不定就能允许自己犯错了，你再多说一说"……可能就是希望她能在我焦虑的时候安慰我，能在我挫败的时候鼓励我。

虽然我这么表达，但她其实还是不会这样说，可能是没有这方面的能力，可我还是会不厌其烦地给她讲。

到高二的时候，为了能让她帮我，我想让她看书，但是她不看。于是我就骗她，给她买了一些有关教育、心理学方面的书。我就说："妈，老师今天有读书的任务，每一章读完，要家长签字，要写一个评语。"我很想让她提升自我，想每次我找她的时候，她能知道我在说啥。

我发现这个方法好像还是没有用。我和妈妈每次一吵架，她就把门关上了，就走了，不理我，我每次就只能哭，很无助。跟咨询师聊，她说没法让我妈妈成为咨询师那样，咨询师是专业学过的。

在我每次的努力、失望中，她也会对抗，会说："我达不到，给你换个妈去！我就是这样的妈妈，你没有机会选择自己的妈妈！"她也会生气，会觉得我在要求她。然后我很绝望，就好像这个要求提得是有问题的，会觉得是我自己不好、不够坚强。每次都从自己身上找原因，我就会受伤，然后慢慢再退回来。

所以，我的状态好坏起伏。当时我待在课堂上，也不知道自己在听什么，我只是坐在那儿，然后熬到下课，每天就等待。

下课之后，我也不敢在班里待，因为当时大家学习压力都很大。一到课间，大家都不出去玩，都在那儿学习。我看着心里就很焦虑，觉得人家都在努力，就我还不努力。可我真的写不进去，会觉得在逼自己。

我的咨询师告诉我，你就出去，你去过道。所以，我每次课间就跑到过道去，跟妈妈打电话，给妈妈发消息，把自己想说的话写下来。

后来到高二文理分科，我就到文科班去了，不再考理化生，压力小了，名次回升了。但是好像一回升后，又开始认为我要变好，我要重新变优秀了。可只要每次一努力，或者只要一想变好，压力就来了，结果我又很快成为班里倒数。

高二经历了另外的一个转变，开启了省电模式，感觉是"躺平"了。甚至我想当坏孩子，抄答案、迟到、吊儿郎当地上课,老师骂我也无所谓。我当时就想,我努力了也没用,辛辛苦苦优秀,我保不住。

我小时候很优秀,亲戚都很喜欢我,都觉得我好棒,是家里人的骄傲,将来有大出息。但受到很大打击的就是,当我高中成绩落下、真正受挫的时候,他们的那个变化,人间冷暖,一秒变脸,我当时可受伤了。我们班主任就觉得这孩子不上进,也不喜欢我。我当时表面上觉得那又怎么样,其实内心是很在意的。

当时咨询师告诉我,我有点绝对化要求,有点强迫了,要我顺其自然,不要尽力,尽力可能会逼死自己,量力而为就行了。我说,好,我量力而行。

-4-

乔一 后面我就把重心转成心理咨询,我在寻找一段新的能帮助我、能理解我的关系。

我从高二开始接受心理咨询,一开始交三次钱,家里人就觉得很贵。三次之后,他们问,好了没?就开始告诉我要自救:"你不自救,没有人能帮你,你指望咨询师能陪你一辈子吗?"

约不上原来的咨询师,我又崩溃了,又换了一个咨询师去倾诉。但新的咨询师可能匹配不上或者能力不够,每次我只是把她当个倾诉的"垃圾桶",并不能帮到我,就再一次转介。我换过很多个咨询师,有经济上的原因,有不匹配的原因。

我记得当时咨询的钱不够，我妈妈想放弃，但是我知道这很重要，我就告诉她，如果没有心理咨询，我可能后面撑不下来，真的不能高考了。我妈觉得我在逼她，就觉得"你在跟谁下狠话"。没有办法，我就找小姨偷偷借咨询费，撑到了快高考。

陈瑜 高考对你来说是一个很大的挑战吧？

乔一 我高二的时候想休学，就在网上查放弃高中的学生将来会有什么出路，然后查到其实也可以打工，我就准备出去打工。当我告诉家里人，他们就说："你打工？你知道现在有多难吗？你知道本科毕业都很难吗？"他们说的那些东西，让我有一种完蛋的感觉。我就告诉他们我想休学，想逃离充满压力的环境，然后家长就会告诉我，连休学都不可以，当时真的觉得好像无路可逃。

后半程就真的想死，可一说想死就要被骂脆弱，就连想死都不能说。当时真的看不到希望，真的是旷野无人的感觉。

陈瑜 你是怎么撑下来的？

乔一 整个高考真的是硬撑。当时我就很焦虑，内心有很多话没有对象去说。就像老师你采访过的那些孩子，没有一个人愿意俯下身子去听听孩子到底在思考些什么，到底在想什么。我并不知道自己的想法可以被表达或者被接纳，没有接纳这个概念，就感觉动弹不得。

对学校的学习任务，我也只是想着完成它，不再是我要做好它。在我能喘气的时候，或是觉得有精力的时候，我会自己写作业，但当我实在不会了，就抄。每次考试跟度劫一样，成绩下来不敢看，就跟自己对话，说可以了，OK了，不要怪自己了，就是这样一种感觉。

高二的时候担心自己高三会疯，因为知道高考压力很大。我觉得自己有病，跟大家不一样，要去治疗，要去咨询。我觉得普通孩子的压力都那么大，我会不会就崩掉，会不会被送到精神病院去，或者真的休学完蛋了？

没有办法，我就每周去咨询。咨询好像一个闸口，能让我那些担心和恐惧的情绪出来。跟咨询师分开之后，接下来一周是我要独自面对的。我周一想周二，周二想周三，最后好不容易熬到周五。

我整个高三都是这样过的，后半程还是会想变好，会想着再努力，但是一努力就会焦虑，一努力就会很痛苦。我可能有80%左右的精力都在跟内心的冲突和情绪做斗争，只有20%的力量用在题目上。

我在顺其自然的基础上尽力而为，能多学一点是一点，但如果真的痛苦了，或者真的觉得学不下去了，我就必须停手，得去放松，有一种神经症的感觉。我一对一的辅导老师就说："我觉得你做题很奇怪，你学10分钟就要去休息5分钟。你怎么能每一次做题的时候，都吵着要休息？"我当时可能一个小时就要休息很多次。

陈瑜 咨询师在你高考这一段的陪伴，对你来说有多大的意义？

乔一 很重要！其实我的咨询师都很低价，更像是一种陪伴。她也不会帮助你去学习，但是可以让你有个出口，你不用担心自己会被骂，也不用担心对方会评价你。焦虑的时候，她可能还会帮你做一些正面的训练。

快高考那段时间，我和咨询师又产生了新问题，出现了理解不了的情况，感觉进行不下去了。但是我还是坚持借钱咨询，觉得如果咨询断了的话，就没有人再理解我了，或者就没有人能够再让我这么轻松了。

陈瑜 即便他们的水平和能力没有达到你的预期，但是每周有这样一个通话出口，对你来说很重要，对吧？

乔一 对！咨询师当时跟我说，大学做心理咨询都免费，我就感觉好像看到了曙光。在那样的环境下，我最后努力，勉强上了一个本科，然后去大学做心理咨询。

第一天，别人是报到，我报到完了就去找咨询师。我见到学长，就问大学的心理咨询室往哪儿走，学长把我带过去，我就开始填表。

刚大一的时候，我就去试我们学校的心理咨询，几乎找完了所有人，但是觉得好像跟那种专业的心理咨询师还是有很大的区别，因为他们其实已经偏行政了。

最后，我又打了一个心理App的倾诉电话，也是低价平台。我大学一直在攒钱，平时寒暑假打工，妈妈给我的生活费，我每周存50元，然后去做那个平台上的低价咨询。

上周又脱离，觉得不匹配，然后又得去寻找新的咨询师。我有时候会觉得找咨询师的过程就是在找一个妈妈，找一个人可以理解自己。

陈瑜 你进入大学之后，整个人的身心状态怎么样？

乔一 会好一些，因为不再像高中，整个人生都是成绩，压力那么大。到了大学之后，会有社团，就会在社团当中找到自己的价值。然后，考试也回到了比较领先或是让我有自信的一个位置，不再像原先那样垫底。

我觉得好了很多，但是每次只要一学习，就开始不对劲，一想学好，内心就开始冲突，很痛苦，焦虑太大了，谈不得学习的那种感觉。所以上了大学之后，也依然在坚持接受心理咨询。

陈瑜 现在一学习就焦虑的感觉，和以前高中有不同吗？

乔一 有，高中像是一种压迫、一种强迫，丝毫不允许自己失败，真的很可怕，就是一个孩子不承认那道题难，就老觉得我一定要把这道题做出来。但是后来经过了这么多年，会意识到那道题是真的很难，如果实在做不出来就别逼自己了。而且大学也不像高中频繁有分数排名，只有期末考试，所以就不会给自己那么大的强迫和压力了。

但其实它还是一直都在。咨询师们想让我不要把成绩作为唯一的评判标准，但是我有时候问自己：我本质上是不是还是想回到过去，恢复学习状态，可以考研，重新获得小姨和妈妈的认可，觉得我其实是个优秀的孩子？甚至我现在都可能没能接受挫败，会想如果不能在各方面保持在前面，我又该怎么找准自己的定位。

陈瑜 你怎么看待"比较"这件事？

乔一 我的自信可能来源于此，而且我就觉得比较可以收获关注、收获认可、收获赞同。

陈瑜 咱们目前的社会，好像只有爬到金字塔尖的那些人才能被看见，所以大家都要去爬。但我在想，我们的社会可以不是金字塔，它是一个生态系统。你说是参天的松树更好，还是灌木更好？是苔藓更好，还是小草更好？好像无从比较吧。正是因为它们的不同，才构成这个系统的多样性，才让它变得如此美妙。

所以打破这样的"比较"，可能可以让你心里的枷锁松动一些。要知道你在金字塔的塔底，你会很沮丧；你在中段，你会很焦虑，想往前；你在顶端的时候也不快乐，因为你很害怕被超越。所以，金字塔式的社会是不健康的。在和别人的比较中形成自我认知，那是非常危险且痛苦的。

想一想，你想长成什么样子？就像有一个咨询师问你的，你内心的声音到底是什么？

乔一 我想成为一个什么样的人？可能未必能达到我理想中的自己那么优秀，但是我想自己能成为一个多才多艺的人，也很热爱生活。

不过我一直在担心，如果成为这样的一个人，我是否还能被看到，是否还能被识别。好像无论做得多好，我都很难被妈妈认可。我似乎一直在获取别人的认可，我不知道怎么认可自己。

当我去听自己的声音时，我不能确定它对不对。我可能不敢往自己想去的方向，因为如果我自己想去的方向错了，或者跳脱当下单一评价的标准体系，我可能就不被关注了。我还是很希望能被关注，我也不知道为什么，就好像被关注、被关爱对我很重要。我也不知道那种一直要保持优秀、渴望被看到的想法，是不是一个动力？

陈瑜 当我们能真正地看见自己，可能我们就不会那么在意被别人看见这件事情了。但这本身就是一个一辈子的课题，也是我们一辈子要去探索的事情……

把自己"逼"得抑郁后,我开始怀疑一直追求的"优秀"是不是错了

访谈第二天,我看到一篇讲好学生心态的文章,转发给乔一,推荐她读一读,希望她学着给自己颁奖。几个小时后,她给我发了一篇感悟,又对自己做了一番自我剖析。

读完文章,我更加怀疑自己一直以来追求的价值观和"优秀"是不是错误的。但是不知道自己该怎么去矫正,因为好像现在的一切都在受着过去的影响。

就像我还是会希望自己写作时作文写得很好被老师看到,希望自己的每一份作业都完成得很好,不知道是不是有一种完美主义倾向在里面。与之相对的是,这让我想起了小时候的自己,答不出数学题,老师走到我的身边,我就会紧张万分地盖住自己的解答,生怕他骂我,觉得我不好。

做得好的我,就迫不及待地想展现,想让别人看到;有缺点的我,就不想被人发现,想去隐藏。佼佼者的这种思想好像一直存在于我的心中,渴望着上进和优秀。

但是怎么就出现问题了呢?怎么就影响到了我的情绪呢?我变得不快乐,变得很痛苦,我很讨厌它,但是又不知道怎么办。是应该把它去除吗?但是如果我停止追求,自己给自己颁奖,我该怎么样去看到自己,该怎么样识别自己在人群中的定位?

我好像很迷茫。

我自己真实的能力在哪里？我该往哪个方向去？高中成绩落了下来，大学也没有获得奖学金，甚至今后的赛道会更加多元，考验的不只是努力，还有运气、机遇、家庭条件等多重因素。没有了成绩和比较给我带来的光环的"庇护"，我的价值要怎么体现？我该怎么看到自己？

我一定要优秀的背后，可能是特别希望获取别人的关注，希望获得他人的认可。我在思考，希望获得关注和关爱是不是源自我个人成长经历和原生家庭中的忽视和缺失？

就像我高中成绩落下后，小姨对我态度的强烈落差，让我觉得不优秀就不值得被爱。优秀能够获取想要的一切，就算无法获得所有，但也能在最大程度上受人尊敬，让自己有选择的权利。

我也曾经尝试过自己认可自己、自己看到自己。我会在觉得自己做得好的时候或有进步的时候，拍照或截图留念，发到朋友圈仅自己可见，记录下来今日的感想，自己表扬自己，但还是觉得这些远不如被别人认可和表扬带给我的"震颤"强烈。

每次收获成就的时候，内心都会万分喜悦和激动，会觉得这是真的吗？然后靠那些成就去相信自己。但是收获一个好结果的时候，又生怕下一次结果不好。

于是就开始了"保持优秀"。不会犯错，不知道怎么面对挫折和落后；无法放松，不知道怎么面对不如别人优秀这一处境，好像自己失去了价值。想让自己完美，想让所有人喜欢自己。

当然这也可能和初高中分数排名的体系有关，但是还不知道怎么面对排名这样的价值体系时，自己在高中先焦虑得倒下了。

每当我试着放下对"优秀"的追求，就很迷茫，不知道该往哪个方向去，最要命的是，我发现自己过高的要求和期待好像总降不下来。"总想好""想更好""想重新站起来"这几个念头好像一直如影随形，等待着积蓄力量，未来要重新达到一个很好很好的高度才可以。

但随着长大，不断地受挫，我发现保持领先是很难的。我有一点受伤，也在不断怀疑，我累了，达不到了，甚至感觉再也无法重回巅峰，现在不得不去改掉这种价值追求了。

但是我还在思索我该怎么改。是要将这种价值追求全部推翻吗？好像也不是。

亲戚聚会、同学聚会，这些是我最害怕的场合。当别人有高学历、高收入、一份好的工作、一个美满的家庭，互相聊天问你境况时，瞧瞧我一般般的本科学历，我会担心自己淹没在人群中被识别不出来。

我会发现自己即使在做心理咨询，但骨子里好像还是希望重新优秀起来被人看到，依旧在等待着一个时机，也许是重新"逆风翻盘"证明自己。当然也许那个期待中的重新优秀永远都不会到来，也许有一天它会以另外一种平缓的方式来临，只不过可能不是我想的那样。

从小到大，满分的试卷在教我们做个完人，互联网上充斥着"谷爱凌""全宿舍集体保研""北大韦神学霸"的慕强竞争心理。

其实很多时候不是孩子不愿意学习，也许是碰到了什么阻碍，也许学习本身就不同于打游戏和玩电子产品，是一个延迟满足的过程。除了以成绩好的优越感和家长的奖励为驱动，能达成正反馈的人真的很多吗？

真的很希望家长可以花一点时间去看看孩子，听听他们在学习上碰到的困难、内心真实的想法，然后再去指引，多一点耐心。

现在越来越发现，大多数人长大后都会成为一个平凡的人。可是我却恐惧平凡，害怕且不知道怎样成为一个普通人来立于天地之间，怎样自我接纳，怎样摆脱初高中以来单一的分数标准评价体系，从而发现自我、壮大自我。这些很重要很重要的价值，都是要靠自己去探索、去摸索的。

我现在好像摸到了一点好好当一个普通人的门道，但模模糊糊而且不太愿意向它靠拢，好像靠近了就等于接受自己的平凡和平庸。

我合理怀疑工作后的"躺平"、难受、撕扯和成年人的低头妥协，都是这些孤独穿行于人生的暴风雨中，独自去解决人生课题时产生的。

我感觉随着中国的发展，物质水平提高之后，人们也越来越重视精神世界。我衷心地祝愿中国的心理咨询行业能发展得越来越好，心理咨询能被更多人接受，能被更多人重视，能越来越规范，让更多人不再求助无门或因昂贵的价格被挡在门外；希望有朝一日心理健康教育和人生观、价值观的教育也能不再流于形式，不要让空设的心理咨询室买了沙盘却没有专业的老师，孩子也不敢去询问倾诉；希望心理学能真正走进中小学的课堂，让孩子们能够去看到自己的个性，培养人生观和价值观，知道自己想成为一个什么样的人，帮助学生去探索自己的喜好、自己的特长。

那样，学生们可能就不再觉得自己学不好、分数不高就一无是处，不再是大学毕业不知道自己喜欢什么，都在考编、考研、考公务员里面"卷"，真正地去相信人生是旷野——李华考上了北京大学，张萍进了中等技术学校，我在百货公司当售货员。我们都有光明的前途。

采访手记

千万不要让孩子把成绩与自身价值画上等号

"你所在的学校是不是你们当地最好的?"

"是的。"

"你所在的班级是不是你们年级最好的?"

"是的。"

当听到中学生说自己读小学时成绩优异,但现在焦虑了、抑郁了,我立马就会问上面两个问题,而得到的基本都是肯定的答复。

都是省重点、市重点、县一中,都是实验班、火箭班、尖子班,拼杀到金字塔尖却遭遇心理雪崩,这类孩子是我这些年访谈的学生中厌学比例最高的群体之一。

这似乎有点反常识。他们成绩那么好,为什么都不想学了?因为,他们实在是学不动了。我们青少年心理咨询一线工作者发现,对于学业压力的承受度其实跟孩子个体的智力水平、学业表现、努力程度并不正相关,这能解释为什么那么多类似乔一这样的"学霸"也会抑郁厌学。

最终压垮他们的,其实不是学业本身,而是一些观念。

我问乔一:"成绩和排名到底意味着什么呢?"

乔一回复:"有可能是全部,可能真的是全部。"

不知不觉,在接受教育的过程中,学生们习惯用成绩和排名来定义自己。

这是怎么发生的？在乔一的叙述里，一切有迹可循：她每每考出高分，就能"获取老师的关注、表扬和认可"，她"通过老师的反应去反观自己，就会增强自信"，而因为她优秀，"亲戚都很喜欢我，都觉得我好棒，是家里人的骄傲，将来会有大出息"；但是当她高中成绩下落时，班主任"觉得这孩子不上进"，亲戚"一秒变脸"，说"你不努力，你这么脆弱"。

乔一还是乔一，但仅仅因为成绩起伏，外部世界给她的反馈就会如此截然不同，这背后的逻辑就是：你成绩优秀，你才被认可，才值得被爱。千千万万的"乔一"为什么如此渴望优秀、惧怕失败？因为他们渴望被认可、希望被爱！

于是，每一次考试，对这样的学生来说，不是对知识掌握程度的常规检验，而是对自身价值的重新评估，需要不断证明自己是优秀的。当考试被赋予这样的功能时，焦虑感会难以遏制，因为考试失利，意味着对他们整个人的全面否定。请问，这书还怎么读得下去？！

"唯分数论"很早就被大人栽种到孩子心里，生根发芽，枝繁叶茂，结出一枚枚病态的果实。

比如，过于严苛的自律。玩乐变成了一种罪，哪怕是碎片式的空闲时段，也最好被学习填满，停下来就会被"不够努力"的愧疚感淹没。

比如，无止境的攀比。没有什么成绩能让自己满意，就算班级第一，前面还有年级第一；就算年级第一，还有全市第一、全省第一、全国第一，身后还有来势汹汹的追赶者，不安如影随形。

比如，虚荣的名校情结。要好好读书，进最好的学校、干最好的工作。什么叫"最好"？往最底层挖，常常刻着"面子"二字。

…………

凡此种种，都被包裹在一堆好听的词汇里，如有自驱力、刻苦上进、追求卓越……一个个成了学霸的标签。没有人在意这些标签的背后，他们压抑了多少需求和热望，又承受了多少压力和挣扎，甚至连他们自己都不在意，因为至此，他们依然能在学业上获得足以支撑他们的正反馈。

但问题是，各地顶尖中学把这些处于金字塔尖的学生网罗到一起，又在内部再建一座金字塔。爬吧，从头开始！在我看来，这场新的登高大战是我们整个教育体系里最为严酷的游戏，有更密的战鼓、更强的对手，且谁都想争得更好的排位。

一些情绪从小到大一直被压抑在那儿，然后在一个学习竞争更加激烈的环境中凸显出来，日积月累，最后终于爆发。我看到越来越多的学生玩不下去了，他们退出游戏，亲手把身上的学霸标签撕得血肉模糊，然后将自己打倒在地。"我是废物""我是垃圾""我一无是处""我没有未来"……

除了痛心，还能说什么？这些孩子的学习态度无可指摘，学习能力毋庸置疑，但是，他们的学习心态彻底被摧毁了。学霸复学是一件难度系数颇高的事情，就看内心的那座金字塔何时能被夷为平地，慢慢生出在人生的旷野里策马扬鞭奔跑的松弛感。他们要完成一项重要的任务——排毒，把那些阻碍他们成长的信念和认知辨识出来，粉碎掉、清除掉，去学习看见真实的自己，定义自我的价值，探寻人生的意义。

所以，我的结论就是，**千万不要让孩子把成绩与自身价值画上等号！**你可能会反驳我，学校老师天天强调成绩，孩子们都听老师的。真的是这样吗？假设，有这么两位家长，用以下两种不同的方式回应孩子，你觉得结果会有所不同吗？

一位家长说：老师说得没错，成绩就是最重要的，你是学生，

一、学业压力

就是该把书读好。有了好成绩,才能考上名校,才能找到好工作,未来才能过上好日子,如果没考上高中,你的人生就完蛋了。而且,只有你成绩好,老师才会喜欢你、看重你,同学才愿意跟你交朋友,你成绩不好,谁都看不起你!

另一位家长说:老师强调成绩,那是他的工作,但我是你爸爸/妈妈,我不会因为你考多少分就改变对你的态度。我不需要你的分数往我脸上贴金,你要是考砸了,也没啥大不了的,无非就是学习上有些地方没搞懂,咱们把问题找到,解决它就行。有需要爸爸/妈妈帮忙的,随时跟我说!还有啊,你要永远记得,我爱你,绝对不是因为你带回来100分的卷子。我爱你,只有一个原因,就是你是我的孩子!

"唯分数论"是一颗观念的种子。前一位家长为它施肥助长,让孩子负重前行;后一位家长用无条件的爱挤占掉它在孩子心里的位置,让孩子轻装上阵——你可以选择。

破局的点在哪里?回到原点,无条件地爱孩子!我爱你,与你现在考多少分、排多少名次、未来挣多少钱、有多少成就毫无关系,我爱你,只因为是你。对孩子的爱,不能附加任何条件,这是一切的出发点。

再来看行动层面,谁能给到家长最有价值的建议?答案是孩子本人,他们知道自己最需要什么,知道父母怎么做对他们最有帮助。例如,乔一告诉妈妈,希望妈妈能够在她焦虑的时候安慰她,在她挫败的时候鼓励她。类似的诉求,孩子们一定都表达过,关键在于父母愿不愿意听、有没有听进去。

孩子们会在父母转变的过程中反复确认:你们到底爱不爱我?你们到底能不能托住我?当他们真正确信后,就有机会听到那一声"咔嗒",那是孩子在心底将成绩、排名与自我价值脱钩的声音。

内在有了力量,孩子们才能做自己的主人,不被外界的评价所左右,学会认可自己。那时,学习才不会有额外的负重,孩子们才能轻装前行。

二
家庭关系

05
"我现在像生活在监狱,过不下去了……"

星河／女生／五升六／福建

概述：母亲的"高控制",让孩子丧失了对学习、生活和未来人生的主宰感。

"我觉得我应该也不算抑郁,但是吧,我总觉得心里不舒服,想找个人聊聊……"

星河开学升小学六年级,这个暑假在妈妈的安排下,她在学初一、初二的数学,同步启动计划在一年半之内学完高中前的所有英语语法。

"我真的觉得我现在的生活像监狱,过不下去了。"电话那头传来星河稚嫩的声音,说到伤心处,会有些哽咽。

她问我:"我的童年快乐了,将来就真的不会快乐吗?我的童年不快乐,将来就真的会快乐吗?我从小就在这种话语里长大,可我真的不想用一生去治愈童年。"

这个小学生想成为自己人生的主宰者,是的,她用了"主宰"这个词……

-1-

陈瑜 你说你心里不舒服,怎么不舒服?

星河 我也不知道,老喜欢大半夜听一些歌,像《花开忘忧》这种有点让我悲伤的歌,有时候听着听着就想哭。然后莫名其妙地,感觉大白天也提不起什么精神。

陈瑜 精神不好的原因是什么呢?

星河 我不知道。我总觉得放了暑假之后,我的生活不是自己掌握的,每天都在干一些千篇一律的事情,感觉没什么意思。

陈瑜 能说说你暑假每一天的安排是什么样子的吗?

星河 我周一、周三、周五早7:30起来,8:30到10点有钢琴素养课,然后回家练一小时的钢琴。

下午2点到4点是数学课,然后"摸会儿鱼"、写会儿字或者做会儿作业。晚上英语课上到9点回来,弹会儿钢琴也就快11点,大概12点上床。

周二、周四、周六会轻松一点，早上9点多起来，然后弹一上午钢琴，下午也有数学课，晚上看下是弹钢琴还是学数学或英语之类的。

陈瑜　暑假有很多补课班要上？
星河　不是补课。我上数学课，是学初一、初二的内容，我上英语课，是要在一年半之内学完高中前的所有语法，差不多是超前学。

陈瑜　哇，你们同学都这么"卷"，都在超前学吗？
星河　和我一起玩的同学成绩比较好，都挺"卷"的。
我闺密她老妈叫她先学初中的小四门[1]，一个暑假给她报了8门课，太可怕了！她也是天天都在学，没什么空。
她老妈是个很极端的人，我之所以跟她玩得特别好，是因为我觉得我们两个人同病相怜。我们基本上一学期有两三次在厕所里面，两个人聊着聊着，甚至就哭了。

陈瑜　嗯，你们学业压力好大啊，暑假安排得好满啊！其他不说，对你这个岁数的孩子来说，这点睡眠时间是不足的。
星河　我也这样觉得啊。

陈瑜　妈妈不建议你早点睡吗？你这样的年龄，晚上9:30、10点就应该睡了。
星河　我好像四、五年级差不多都这么迟睡。

---

[1] 小四门指地理、生物、政治、历史四门科目。

平时读书时，每天晚上做作业，练一个半小时的钢琴，然后再学一下奥数、英语之类的，大概就10:30快11点了，然后洗漱一下就11:30，每次都12点睡。暑假就变成12点才上床了。

陈瑜 妈妈不觉得这个是有问题的吗？
星河 我以前跟我妈讲，我妈说教育部规定学生9:20睡，现在有谁是9:20睡的？！

陈瑜 双休日呢？会不会好一点？
星河 也都被课程填满了。我不是很喜欢双休日，因为要更早起床。双休日我弹钢琴的时候，我老妈在那边看着我弹，感觉压力很大。

陈瑜 的确，这样的暑假感觉比上课还累。
星河 差不多。

陈瑜 那爸爸妈妈有没有说暑假带你出去玩一下，比如假期旅行？
星河 有，我爸妈说8月带我去玩，但是他们每年暑假都这么说，可不知道为什么，每次都没出去，导致我现在连福建省都没出过。有时候同学跟我讲旅行的事，我都感觉挺自卑的。

陈瑜 今年他们答应带你去哪里玩呢？
星河 上海迪士尼，也不知道是不是真的，希望是真的。

陈瑜 现在对你来说，每天过一样的日子是什么感觉？

二、家庭关系　　113

星河　我不知道,有时候就觉得天天这样过也还好,有时候就感觉挺迷茫的(哽咽)。

- 2 -

陈瑜　你期待的暑假是什么样子的?

星河　我期待的是每天早上我可以迟一点起床,最好睡到自然醒,然后干一点我想做的事情,比如练一下我喜欢的主持和朗诵之类的,然后下午可以弹一下钢琴,学习一下,然后有两个小时左右的娱乐时间或者说运动时间,晚上有什么课也可以上。

其实我觉得我挺不健康的,我属于那种纤瘦的人,身高一米五,体重二十几公斤。而且我感觉我吃饭也挺没自由,我不想吃饭,想吃点我想吃的东西,但是我妈就会逼着我把那碗饭吃完,还嫌我瘦。我觉得我瘦根本就不是吃饭不吃饭的问题。

陈瑜　你觉得是什么问题?

星河　一是没运动,二是心态不好!我觉得我老妈天天给我喂饭,不会有什么作用的,只会让我想吐,只会让我觉得肚子很胀,对我长胖根本没有什么作用。

反正我就希望我暑假不要过于轻松,也不要过于紧张。

陈瑜　现在这个暑假对你来说怎么样?

星河　总觉得我暑假过得有点太紧张了。

陈瑜　你以前的暑假每年都是这样吗？还是今年妈妈要求更高一点呢？

星河　每年都这样。我之前的暑假还有朗诵、主持、写字等各种兴趣班，今年因为我老妈觉得我也快要小学毕业了，就把兴趣班都停了。

陈瑜　也就是说以前的暑假，你参加兴趣班，是自己想做、喜欢做的事情，还觉得有点乐趣，现在只剩下学科和钢琴了？

星河　对。

陈瑜　这个想法你有跟妈妈说过吗？

星河　我跟我妈说过，不知道为什么，每次说着说着就乱套了。这次我的期末考试成绩是年段第八，之前的成绩差不多都在年段前三，我老妈可能觉得我这次落下来一点，就发很大的火，想起这件事情就骂我一顿，甚至一说一个星期，动不动就念叨一下。她说人家福州、厦门的学生一天几百门课，我老妈就因为这种东西很焦虑，说什么我将来是要跟福州、厦门这些人去竞争的。

陈瑜　"福州和厦门的学生一天几百门课"是什么意思？

星河　可能夸张了，意思就是说他们课很多，特别"卷"。

陈瑜　所以妈妈觉得你们当地的教学质量不够好，你未来的竞争对手不是你们年级的这些小孩，是福州、厦门甚至全国的小孩，所以就要推着你往前？

星河　对，她对我的期望甚至是我六年级的时候去D学校，然后进

二、家庭关系　115

福州S附中，然后再给她得个奥赛国金，再保送清北——她对我的期望是这样的！我怎么可能做到？我又不是神仙！

陈瑜　妈妈是开玩笑这么随便说说，还是真的把你往这个方向去培养？

星河　她动不动就跟我说，她最希望我这样，甚至带我去找老师，还想把我转到福州去。后来我的奥数老师跟她讲，我去福州压力会特别大，自信心会受影响，还要花更多的钱，会更累，人也会更不好，然后讲了几个不成功的案例，所以我老妈就没让我去。

陈瑜　嗯，经常听妈妈让你冲击奥赛、保送清北，你是什么感受？
星河　我觉得很崩溃，我真的不理解，我怎么可能做到这种地步！这都是神童才能做到的！

陈瑜　你有没有直接跟她说："妈妈，我达不到你这样的期望？"
星河　我有跟她讲过，她说达不到我们就去努力。真的是大无语！

　　她一直念叨我的期末考试成绩，导致我有一天情绪崩溃了。我就跟我妈说我想死这件事，她却一直以为我是开玩笑吓唬她的，还怂恿我说："你有本事就去啊，你去啊，神经病！"然后我就去阳台大喊了几声："我要跳楼！"

　　这个时候我也没有特别绝望，所以我也不算很敢。我妈觉得我是装的，跟她开玩笑，但是我确实有时候深夜会有这个想法，各种想法，想到凌晨两三点钟。

陈瑜　什么想法?
星河　反正乱七八糟的,有时候会想我被人贩子拐走了,我妈会怎么样之类的。

-3-

陈瑜　你刚才说了两遍,妈妈觉得你说你想死是开玩笑,你的意思是你不是开玩笑吗?
星河　我真的有时候,深夜的时候,想过我要怎么死。有一次拿手机搜了一下,怎么死才能死得不那么难受,好像没搜到什么结果。

陈瑜　什么原因让你有一种活不下去的感觉?
星河　平常都还好,就是有时候跟我老妈大吵了一架,就导致我整个人窝在被子里,那个时候就真的觉得很郁闷。
我老妈好像希望我每天不是在弹钢琴,就是在学习,要不然就是在做家务。
有一次她回来的时候,我没有在弹钢琴,而是去上了个厕所,她当时居然在那边就紧张得要死,还问我:"你手机在哪里?你是不是在玩手机?"
那天晚上,我真的有不想活的感觉(哽咽)。

陈瑜　妈妈希望你每一分每一秒都在学习。
星河　她紧张我玩手机,她很怕我玩手机。我二年级的时候因为玩手机近视了,然后她就再也不让我碰手机。

最近我的手机流量莫名其妙特别高，她今天上午就狠狠把我骂了一顿。反正她绝对不让我碰手机，绝对不让我碰手机！我真的是不理解，我都没怎么玩呀（哽咽），我最多就发一下微信，会去找一些人聊天，我也不能干什么别的呀，真的搞不懂！

其实我真正最受不了的地方，还是我老妈对我的这种要求，以及这种感觉——人生不是受自己主宰的。

我觉得我老妈挺较真的。我弹钢琴时把琴谱打开，她叫我背谱，我把琴谱合上，她说不要这样一整首一整首地背。我把琴谱打开也不是，合上也不是。她叫我分段背，我就喜欢一整首一整首地背，这样背我可以记得住，我就一定要像她说的那样背吗？我这样背不行吗？

我老妈甚至会因为一个字发一天的火。有一天我跟我老妈讲，我能不能不帮你晒衣服了？可能随口说了一个"帮"字，她居然跟我说："你是在帮我吗？你做家务是帮我吗？家是我们两个人一起的！"就这样，她发了一天的火，真的是搞不懂。

陈瑜　你可能会因为各种各样的事情惹她不太高兴。

星河　差不多。我老妈还觉得我走路的时候没有精气神，我坐着，她嫌我驼背，我站着，她依然嫌我驼背，于是我索性不坐不站就躺着，然后她又说："你是不是很没有精神？"于是，她最近特别想给我买补药吃，我也很无语！

- 4 -

陈瑜　你期望怎样主宰或者说安排自己的人生?

星河　我就是不想天天被这一堆乱七八糟的东西缠着,我就想做些我爱好的事,也没有考什么清华、北大的梦想,只是觉得我将来如果厉害一点就考北师大、厦大,差不多能找到一个自己喜欢干的事情,长大了只要过得快乐就行。
　　　我不想像我老妈这样被老公、孩子缠着,我想跟我未来的男朋友主打一个不婚不育,每天过着自己快乐的生活,自己的钱自己花。

陈瑜　哈哈,你才五年级已经想得这么远了!你想主宰自己的人生,但是在妈妈这样的教育下,你觉得你的人生没有办法按照你期望的样子展开是吗?

星河　差不多是这样,我觉得我长大了,我妈应该不会让我考一个自己喜欢的专业、去过不婚不育的生活,我觉得我老妈至少会催婚吧。

陈瑜　哈哈哈,虽然我理解你很难过,但是我真的觉得有一点点好玩,五年级的小孩就已经担心妈妈催婚催育了。

星河　没有,我只是觉得我真的不想结婚。

陈瑜　为什么呢?

星河　怎么讲,我老妈觉得自己找了一个不是很好的人。其实我真的觉得我爸挺好的,我爸明明是一个很幽默的人,每天可以活得潇潇洒洒,我挺喜欢他的,如果没有他,我的童年会少掉许多快乐。

可我老妈就是不同意我的看法，就反驳我："你做事情不能只看表面，你要看到你爸爸不做家务、不带孩子！"就感觉我跟我老妈看问题完全不在同一个角度。

我老妈就嫌弃我爸，然后把我爸赶出去，我老爸现在天天都在宿舍睡。有一天我爸想回来，我老妈就告诉他："你不要回来啊，你睡哪里啊？你等下睡床上，把我们床弄脏，你还在那边抠脚皮，很恶心啊！"我劝我妈让我爸回来，最后还是不行。

我只是想要一个美美满满的家庭，我真的很怕他们两个人会离婚。

陈瑜　听起来妈妈好像是你们家里的女王，所有的人都要听她的。

星河　对，我爸给我和我弟弟（住在爷爷奶奶家）编了一个食物链，食物链最上层是我和我弟，最下层是我爸，至于我妈呢，她是食物链的主宰者。

陈瑜　哇。

星河　她可以随意地控制所有的食物链，爱干啥干啥。

陈瑜　你爸爸现在被妈妈赶出家门了，他没有一点点抗争吗？"我干吗要住在外面，我要回来！"

星河　我爸本来就不想回家，他可能觉得在家我老妈很烦。

有一次，我老妈不在家，他跟别人打游戏，说出这样一句话："今天老婆不在家，只有女儿在家，我们今天可以打大声一点，可以说话。"

再加上我爸最近换了个工作,有一个单独的宿舍,有空调,有瓜子,爱干啥干啥,也不会被我老妈管,可能就不想回家。

陈瑜　但你是希望他回来的,对吧?
星河　对。有时候我觉得他回来,我老妈跟我发火的时候,他能劝阻一下,或者说我老妈让我做家务的时候,我爸可以帮忙。我老妈最近特别喜欢叫我做家务,我问她:"我能不能不做家务,你能懒,我就不能懒吗?"然后我妈就说:"你不做,我不做,你老爸更不做,那你告诉我谁做?"所以,我就很希望我老爸回来,可以干点这种事情,不要让我妈这么生气呀(哽咽)。

陈瑜　有爸爸在,至少有个缓冲带。
星河　对。

陈瑜　所以看到爸爸妈妈,你不觉得婚姻有什么幸福的感觉?
星河　差不多。我问过我老妈:"你和我爸有没有真正相爱过?"她死活说没有,我老爸说有,他说是我老妈追他的。我跟我妈讲,我老妈说:"我当时是眼睛瞎了才找的这种人。"

陈瑜　我感觉你妈有好大的怨气哦。
星河　我老妈对我爸是有很大的怨气,对我有很多的焦虑。

陈瑜　你觉得妈妈为什么对你有那么多焦虑?
星河　我也不知道,我老妈好像为我花了挺多钱、很多精力,她可能急于求成吧,可能急于想要得到回报。

其实我也不是很开心，钢琴课一节180元，我暑假一天要花几百块钱，压力大，过得不快乐（哽咽）。

我觉得妈妈现在的生活挺糟糕的，每天就被我们一群人还有一堆工作缠住。我有一天偷偷翻我老妈的手机，发现她和她以前的同学要聚会，然后她说："不行啊，我在家带娃不能去。"我那个时候挺不开心的，我也想让我老妈有自己的生活，不想让她围着我们转。

陈瑜　你的想法特别合理，有跟妈妈沟通过吗？

星河　我跟我老妈说过不要围着我们转这个问题，可是我老妈说，她觉得她生活中最大的乐趣就是我和我弟弟。总之，她觉得她生活的一切就是工作、我和我弟弟。但是我觉得生活应该是为了得到自己的快乐，所以感觉我们两个人还是不在一个角度看问题。

- 5 -

陈瑜　虽然你才这么小，但我真觉得你看问题、给家庭开"药方"都挺准的，如果妈妈有机会听一听你的想法，做一些调整的话，你可能会更舒坦一些，身心也会更健康一些。

星河　但是我也确实不敢跟她讲，我跟我老妈讲话有时候会非常注意：一是很怕我讲话出点什么问题，到时候她又发一通火；二是怕她觉得我在开玩笑，讲了跟没讲一样。

陈瑜　但是如果不让她改变的话，你的生活状况就很难改变。

星河 对呀,我跟她讲一些关于改变的事情,她就说:"你要想的是改变你自己,去适应环境,而不是去改变别人。"

陈瑜 如果说妈妈可能会做一些改变,你期望是什么样的改变?

星河 希望她不要那么较真,至少不要因为一句话、一个字发一天的火,不要那么纠结好不好。

陈瑜 嗯,我们想想有什么办法可以把你的想法传达给妈妈,让她能够理解。比如你跟妈妈说,你觉得自己好像有点抑郁,希望做心理咨询,你觉得你妈会同意吗?我们可以通过心理咨询来帮你们建立新的沟通和相处模式。

星河 我不敢跟她讲。

陈瑜 你害怕什么?

星河 我老妈肯定会觉得我在开玩笑,"你这样子怎么可能抑郁啊,你浪费钱,有病啊,你是想太多啦"。我老妈好像觉得心理问题全都是装的,我就很不爽,但不知道要怎么跟我老妈去讲。我觉得我老妈是有心理问题的,真的,状态非常不对!

陈瑜 所以,我劝你争取做专业的心理咨询,其实是咨询你妈,你妈之所以那么焦虑,她一定有自身的一些原因。我们帮助她去把这些梳理清楚,你可能就会获得一个比较宽松和包容的成长环境。

星河 我就没有这个勇气,我还是偷偷加你微信的。

陈瑜　那你觉得你的奥数老师对她是不是还有一些影响力呢？奥数老师的话，妈妈听得进吗？

星河　对，基本上听得进，所以我现在和老妈遇到什么事情，有一些我自己调解不了的，就会去找奥数老师求救。

之前我妈跟奥数老师聊得挺多的，我偷看了一下他们的聊天记录，这个老师跟我妈说要让我运动一下，不能天天宅在家里，这样身心都不健康，还说我也需要快乐一下，要不然状态也不是很好。两个人聊了很多。

陈瑜　那就说明这个老师是一个合适的人选，他除了教你奥数，还能关注到你这个人，能关注到你的状态。我觉得这个老师是可以被我们拉拢过来的同盟军，是可以帮你去说话的人。

星河　嗯，但是我感觉他暑假特别忙，找他聊聊天都没空。

陈瑜　有没有可能你向他定一个固定的时间，比如说：老师，你是否可以在本周某一天给我15分钟，我有些事情想跟你聊一聊。

在这15分钟里，第一，你要说一下你的基本情况，你现在的困难和麻烦是什么；第二，你希望他向你妈妈传递什么样的信息；第三，你希望他为你做些什么。要说得非常明确，然后请老师去影响你的妈妈。

即便奥数老师可能很忙，或者你提的要求被他拒绝，但是我们去找他本身也没有什么损失。

星河　确实。

陈瑜	他可能回复会比较晚，也可能没有回复，没关系，你再发第二次、第三次，就像那个时候你跟我约时间："老师，你在吗？"有时候没回信息是因为我在采访或者在外面没看到，并不是我不搭理你或者忽视你，你不用往心里去，觉得老师不重视自己，不是这个意思。你可以以这个心态去跟他约时间。
星河	这个老师8月会比较闲一点，课会少很多，我打算8月去找他聊聊。
陈瑜	可以啊，可以啊！你可以告诉老师，现在我五年级升六年级，以后到了中学，学业压力会更大，如果妈妈一直这么焦虑的话，我会被压垮。我看到挺多的哥哥姐姐在初中的时候会受不了，我不希望自己未来成为他们那个样子，所以我非常急于在现在这个年龄求助。我希望你能够帮助我去和我的妈妈做一番交流，能够让她不要给我那么多的压力。如果可以的话，我希望我们家能够接受专业的咨询，我跟妈妈说过，但是她不当一回事，我觉得这件事情非常重要，因为我不希望我初二、初三的时候焦虑、抑郁，我不希望这样子。
星河	说实话，我觉得凭我这个状态下去，我极有可能在初二、初三的时候就出现《不被理解的少年》（"少年发声"系列第二本）里面的各种心理问题，所以想抢在小学的时候自救一下。 我妈觉得我小学的时候有空，必须补一补，免得初高中的时候压力太大，但是我希望小学的时候好好快乐一下，所以我们两个人不在同一个角度上看问题。你说我能不能把这个想法跟老师讲？我一直在纠结。

陈瑜　你当然可以跟老师讲，你说："老师，你有教学经验，你可能也带初中的学生，知道他们面临中考时学业的繁重程度。我不认为现在提前学了，到那个时候就可以玩了，不可能的。人只有在每个年龄段做每个年龄段该做的事情，才能健康成长。"

星河　同意。但是我有点怕，我跟他讲，会不会让他觉得我很爱玩？

陈瑜　亲爱的，你玩得太少！而且爱玩有错吗？

星河　没错呀。

陈瑜　对呀，小孩子爱玩才对，小孩子爱玩是天性啊，一个人的天性有错吗？

星河　没错呀。

陈瑜　所以你没错！

星河　好像也是，但是我感觉我在很多大人面前不搞一个自律的形象就觉得挺不爽。我是一个很在意别人看法的人，有时候在别人面前表现得有点不妥，我会想一晚上，就感觉我"偶像包袱"挺严重的，但是改变不了。

陈瑜　我之前也接触过类似的孩子，很可能是因为他们一直生活在一个充满评价的环境里，到最后他们就会用别人的标准去生活，渐渐忘了真正的自己是什么样的，拧巴着成为别人眼中优秀的样子，但其实很痛苦。

星河　对，我自己也这么觉得，我妈就总是希望我成为那种人。

陈瑜 所以你有两点要跟老师去说：第一，妈妈给了我太大的学业压力，我没有自己的生活空间，没有时间去做自己喜欢的事情，这让我很压抑，我希望改变；第二，妈妈对我有太多的评价，让我渐渐迷失了自己，我希望不要活在评价里，因为那样会让我很自卑，让我很不舒服，希望她就算不能鼓励我，也不要一天到晚批评我。你把这两个最重要的诉求说清楚。

咱们的访谈到时候你转给奥数老师，你说："这个是我们聊天的基础，你可以看一下，然后我来找你聊，我希望自救。"老师会重视的。

星河 这样做会不会让他觉得我也有心理问题，以后不会培养我了？我有点怕。

陈瑜 你看哦，我们做这件事情是为了让自己不得心理疾病，对不对？

星河 对。

陈瑜 反过来，那些得了抑郁症、焦虑症的孩子，他们有错吗？他们就是不好的吗？

星河 不是呀。

陈瑜 他们依然是值得被爱的，他们依然是充满机会的。那对你来说，只是希望自己不要去遭这个罪。

星河 对。

陈瑜 咱们一步一步来，我这两天就把咱们的对话整理出来，

	你发给奥数老师，然后去约他好好聊一聊，请他帮助你去跟妈妈沟通。
星河	谢谢。

陈瑜	不要客气，我们保持联系。
星河	行，你要记得发给我，十分感谢！

采访手记

过度聚焦孩子的家长，
请让全家人都喘口气，包括自己

在星河的描述中，在他们家，她和她弟弟在食物链的上层，爸爸在食物链的下层，至于妈妈，她在食物链之外，她是整个食物链的主宰者。这还真不是大鱼吃小鱼、小鱼吃虾米的恃强凌弱，而是在这个家，妈妈是掌控一切的天神，她要求自己的意志被不折不扣地执行。单单落到学习这件事上，所有的学习目标、学习内容、学习方式、学习节奏都要听她的，都由她说了算。

小孩会配合。他们骨子里渴望父母的认可，害怕激怒父母，害怕被抛弃。可是，没有人愿意活成提线木偶，一举一动都任由他人摆布，所以当孩子到了一定年龄，亲子之间必定要爆发一场控制与反控制的大战。大部分孩子在小学高年级和初中与父母开战，也就是我们俗称的"青春期"。

孩子怎么不乖了？怎么不听话了？怎么脾气那么大？怎么敢对家长大吼大叫了……没有那么多怎么了，就是因为孩子长大了，他们有了独立的思想、自主的意识，他们要"夺权"。

如果激烈抵抗被一次次粉碎的话，那么只有消极"躺平"。我见过太多休学在家的孩子，他们其实在等父母收手，退出战局。

我在前文中说过，这场仗必须让孩子赢，他们争取的是今天对学业的主导权，更是未来对人生的主导权，否则他们当然有理由像星河那样忧心忡忡，担心妈妈会一路插手她的专业、她的工作、她的婚姻、她的生育，甚至她的所有。

看清这一点，我们就不会随意给青春期的孩子贴上"叛逆"的标签，如果父母的教养方式特别顺应孩子的成长，他们没有必要叛逆。

指望孩子有自驱力，那就请从主驾位置上撤下来，先坐在副驾上，帮孩子看看路况，再换到后排，偶尔提醒，待到他们成年，得体地下车，目送孩子稳稳地行驶在自己人生的大道上。

还记得星河的期待吗？"我也想让我老妈有自己的生活。"孩子们特别害怕父母说："爸爸妈妈这辈子就这样了，我们所有的希望都在你身上了。"奇怪了，人到中年，咱们自己那辆车就抛锚不开了吗？

在咨询中，对于那些过度聚焦孩子的家长，我们都会建议他们关爱一下自己：来来来！把兴趣爱好重拾起来，插花、钓鱼、打太极……去去去！把人际网络拓展起来，参加同学聚会、全职妈妈下午茶，或者去公益组织献爱心……

你知道这有多大的好处吗？1. 给孩子腾出了喘息的空间；2. 亲子间的话题不再仅限于学习；3. 让孩子看到一个生机勃勃的生命榜样。

家长朋友们，重新发动吧，**孩子们要的不是指挥他们开车的教官，而是能与他们分享人生风景的同行者。**

06
"我让父母去看精神科,最后却是我被抓进了'改造机构'……"

Y／女生／高三休学／上海

概述：情绪失控、暴力相向、语言攻击,没有孩子能在这样的家庭氛围中安心学习。

听完Y的故事，我的感受和她初中老师的很像，也是觉得"可惜"。

Y绝对是一个天资聪颖的女生，读书对她来说不用费太大的力气就能取得不错的成绩：小学时，在班上数一数二；进入重点初中，依然位居前列，不出意外的话能稳稳考进第一梯队的重点高中。按照这个路线图往下走，她就是"北清复交"的种子选手。

谁承想，有一天，她会被家人送去一所机构，那里接收的都是没法正常上学的学生。体训和念感恩词，在Y看来逆天又无效，一年后出来，所有的问题都没有得到解决。

她说："我会很明显地觉得我的未来没有指望了。可能只要我活着，我就得不断地后悔。"

- 1 -

Y　我现在想到我小学的事情,都觉得很屈辱。我爸陪我上奥数,当时那个班挺大的,50多个人,加上家长有六七十个人了,然后他当着所有人的面打我。

陈瑜　发生了什么事情,让他当着大家的面打你啊?

Y　因为我上课听不懂的时候不会去记笔记,我觉得首先还是要听懂。我爸就说:"你发呆干吗?你去记啊、记啊、记啊!"我一直是那种死不悔改的类型,我到现在还是,学习一定要听懂,不会像某些人刷很多题,懂了的题目都能做对,但不懂的题目刷很多题还是不懂,就很奇怪。

我爸2003年查出来有精神疾病,但是不知道为什么,当时他没有用药,然后2013年变得很严重,会经常发火。

我妈有时候不会说话,我爸生气了,还会打我妈,我妈身上经常是青的。我跟我妈说:"你就是不会说话,你非要把我爸惹生气。"我爸当时跟我在对峙,我不说话,我妈就在旁边唠唠叨叨继续骂我,然后我就看着我爸脸色越来越黑,五官都扭曲起来。小时候冬天用暖水汀，一条条的，他拿那个东西砸我头。

陈瑜 我的天！

Y 有一次，小学同学来我家，他当着我同学的面打我，把我摁在角落打。

陈瑜 你爸爸发火没来由吗？

Y 会有来由，主要是他有自己认为的来由，导致很长一段时间我认为这些来由是正确的。但是我后来想到，他的来由根本支撑不起他那些很逆天的行为。

（哽咽）幼儿园大班时，我下国际象棋，输了的话，我妈就让我跪在我爸面前给他磕头。我妈说："你把你爸惹生气了，你得去哄他。"然后我就给他跪下磕头（哭）。我一直觉得这没什么大不了的。

我上初中后，有一次算半开玩笑，我给同学磕头了，因为我自己本身不是很在意这件事。和我一个关系比较好的同学说："你不觉得磕头是件很没尊严的事吗？"那个时候我才觉得这可能有点怪。

小学时为了一些很小的东西，我什么事情都做得出。

陈瑜 要在这个家里生存，可能要放弃一些东西，包括尊严。

Y 嗯。我会每天画吉凶，然后去预测后面的吉凶。我会猜今天没有出事，明天可能出事。我有时候会发觉，如果前一天运气特别差的话，后一天运气就会比较好。如果前一天我爸发火了，我就会希望明天赶紧出考试成绩，因为一般来说，如果前一天我爸发飙，第二天出的成绩可能会比较好，很离谱。我也不知道这是不是真的，可能就是找心理安慰。

陈瑜 听起来每一天都好难啊，活得特别恐慌，不知道明天会怎么样，不知道是不是又要大难临头。

Y 我妈会跟我说："他是你爸爸，所以你要怎样怎样，你不能让别人看了笑话。"她还说："如果别人知道你爸这样子的话，会说你什么的。"

陈瑜 所以你要背负着这样的秘密，受到伤害，又不能倾诉。

Y 嗯。我记得特别清楚，当时小学数学老师特别喜欢我，有一次我成绩差了，她问我为什么模仿我爸的笔迹签名（哽咽）。我忘了我交了解释说明还是没交，反正我哭了，然后数学老师抱了我一下，我到现在都记得。我完全不知道为什么，当时就有点想哭的冲动，我现在还是有点想哭。

陈瑜 爸爸妈妈从来不抱你，也从来不会说一些亲密的话、做一些亲密的举动？

Y 是，我不记得了，他们可能有吧，但是我确实没有感受到那种情感。

- 2 -

陈瑜 爸爸精神状态不稳定，那妈妈呢？她是什么样的情况？

Y 我初三的时候，我爸搬到我奶奶那边去了，因为我焦虑，我妈焦虑，我爸也焦虑，好像就不太敢把三个人放在一起，怕出事。自从我爸搬出去以后，我发觉我妈也不是个正常人。

我一直很奇怪，就是我成绩好，然后我妈就会去找老师，让老师盯我的成绩，我就特别烦。

我记得特别清楚，六年级末，我开始喜欢刻橡皮章，然后我妈就到我的寝室闹，其实我高中成绩往下掉也有这个原因。我刚进去，第一学期期中是年级第二，期末是年级第三。到了下半学年，我就累到不想去考试了。反正我每次第一学期成绩永远比第二学期成绩好，期中永远比期末好，一到开春，我的成绩就一定会往下掉。

陈瑜 我搞不懂，你成绩挺好的，你妈还要叫老师来盯你，她的目的是什么？

Y 我成绩好，但是从来不写也不交作业，因为我知道我懂了，做再多也就那样，顶多提一下速度，我不想干这件事。

结果我妈就拿着我没有做的练习册去跟老师说："老师，你看看她这些都没做，你要盯着她做完。"就很离谱，有点像我爸以前说"你必须得去记笔记"，你懂吧？我就会很烦，就会想今天该怎么应付老师，突然间就觉得没意思，有某种精疲力竭的感觉。我感觉我当时就是不喜欢学习，厌学了。

我妈还会做一些很变态的事情，比如她会说哪个同学要超过你了，说"你成绩比人家差，人家就是看不起你"那种话，那个时候我是真信的。我明明跟那个同学本来关系很好，她就非要这样说，虽然我也不会跟那个同学绝交，但是我心里肯定会有芥蒂，就很痛苦。

陈瑜　你妈妈是一个竞争感特别强的人，希望你永远第一，不要被别人超过，这会潜移默化地影响你吗？

Y　会。如果我知道数学考得特别差的话，自习课数学老师在讲台上批卷子时，我就会盯着钟，一分一秒，祈祷明天才批完出分数。

我妈其实很焦虑，尤其是在我初三的时候。她一直说我爸在她的陪伴下变好了，但其实不是，我感觉这个家已经废掉了。

高一的时候，因为我早上不去上学，我妈就用刀直接砍她手腕，说是我逼她死的。她现在手都是麻的。

陈瑜　啊！

Y　而且她生病了不去看病，然后说："你这个样子，我不看，死了最好。"

陈瑜　你妈自虐，让你觉得是你造成了她的不幸和痛苦，你当时是什么感受？

Y　我小时候会觉得是我的问题，但到了高一，我开始觉得其实是她有问题。我一直跟她说"你去精神病院看看吧，你去精神病院看看吧"，然后说了两年，我被送进"改造机构"了。

- 3 -

Y　其实到初二为止的话，我的精神状态还算好。我初中住校，至少离开了我妈和我爸。我第一次感觉其实同学之间不是一种纯粹的竞争关系，真的，初中遇到的同学可能是我这辈子最好的同学。

到了初三，我太看重中考，每天去班级，会不可遏制地紧张起来。我妈当时为了让我更好地中考，和我同学合租了一个房子，跟我一起住。但是我发觉每次上完晚自习，一回到那个地方，我整个人就会不对，很崩溃，忍不住向我妈大吼大叫。

陈瑜　那你还不如住在学校里呢。

Y　　现在想来是这样子的，但是因为当时大家好像都走了，都租住在校外。

初三"一模"之前，我就有一点强迫症，我喜欢在学校擦地板。我们学校是塑胶的地面，上面经常有使劲擦一擦就可以擦掉的那种污垢，我看到了就会拿张湿纸巾抠一下，我觉得这算是某个前兆。

"一模"结束后，我崩得一塌糊涂。我想跳楼，我同学追到我把我劝了下来（哭）。我当时拽着一个同学的手，就在那儿哭，眼泪根本停不下来。后来我跑到图书馆，随便找了一本书，记得是《红与黑》，然后一边看一边哭，我都不知道我在哭什么（哭）……

其实我"一模"成绩真的没什么问题，但一个人环境容错率很低的话，就会把每件事都看得很重。我现在也是，其实路是很多的，但是面临选择的时候还是会很看重每一个很细小的点，就很崩溃。

我"二模"之后其实哭过一次，我只记得我哭了，但我忘了为什么哭。

陈瑜 你中考志愿填的还是第一梯队的学校?

Y 是的,后来差了10分多一点。那个时候心态就炸了,崩掉了,我什么也没说,就会每天晚上哭。

中考结束之后,我还干了件现在想起来都觉得特别恶心的事情。我跟我妈说成绩,我妈估计也知道我考得不是很好,然后抱了一下我,我竟然真的让她抱了!我现在都觉得这件事很恶心,我不知道为什么我会觉得很恶心,唉,真的是。

陈瑜 她抱你的那瞬间,你感受好吗?

Y 看她伸手的时候,我感觉很好,跟她身体贴在一起的时候,我就感觉不对了,然后我就跟她松开了。

陈瑜 是不习惯吗?

Y 就感觉有点恶心吧。

陈瑜 你觉得她给你的安慰有虚假的成分?

Y 不是,就是单纯地不喜欢,觉得肉贴肉真恶心,像菜市场的猪一样。

- 4 -

陈瑜 你没能上理想的学校,去后来就读的那所高中报到,内心有对自己很失望吗?

Y 有,但那个时候我倒没有放弃学习,就每天上课打游戏,不懂的听一听。

陈瑜	你刚进去时还能考年级前三,后来成绩怎么会一点点滑下来了?
Y	不就是情绪崩了吗?我爷爷进医院了,然后我们学校换了个校长,开始管这管那,我腱鞘囊肿闹了一晚上……高一那个寒假,情绪崩得很厉害,我已经开始疯狂洗头了,没法控制,我自己也不知道为什么,反正就感觉见不到来年春天了。
陈瑜	疯狂洗头,每天要洗多久?
Y	一天洗两次澡,也不是每次都洗头。然后到了春季3月的时候,每天会洗两三个小时。
陈瑜	那你在高一下学期还能正常去学习和考试吗?
Y	考试不太行了,学习的话,纯粹只能看我比较有活力那段时间的效率,要等我真的开始愿意学。不过好在那个时候我在学习上一直没遇到什么特别大的阻力,没有什么特别听不懂的东西,但做完一道数学题,可能得歇好久才能做下一道。
陈瑜	在学校上课,有没有觉得精力集中不起来,没法听课?
Y	我是会直接睡觉的。
陈瑜	一星期会去学校几天?
Y	两天。
陈瑜	你当时那个状态,你妈妈是什么反应?

Y	她很焦虑,她每天都叫,每天都吵,疯狂乱叫,说个不停。她吵完以后我就特别累,我特别希望她闭嘴,她就说:"让我闭嘴,有本事你做好啊。" 我早上会晚起,我妈就开始砍她的手,然后我打"110"。警察来了,我妈就把她砍得受伤的手给藏起来,跟警察说:"没有的事,孩子不懂事,乱打(电话)的。"我就跟她说:"你怎么能这么表面一套、背后一套?"然后警察不信我的话,信她的话,我妈说我疯了,警察也觉得我疯了,说:"你安静一点,我觉得你不冷静。"我当时真的很崩溃,我疯掉了,我觉得我是真的疯了,我到现在都记得! 当时我跟我们班主任说,班主任倒还安慰我几句,说"你先冷静一下",她没有说我疯了,她真好!但是,我没能够正常毕业,我对不起她(哭)!
陈瑜	高一下半段这么难,后来你休学了吗?
Y	没有休,我还是断断续续去学校的。
陈瑜	除了强迫症,你还有焦虑、抑郁吗?
Y	有。
陈瑜	有没有去看医生?
Y	没有,我妈当时没有带我去精神卫生中心看,而是去了其他一些地方,我当时很忌讳吃那个药。 我今年休学,医生开了一点治疗抑郁症的药,但也是断断续续吃的,肯定没有遵医嘱。我有很强的掌控欲,特别害怕被某一个外力如药物给控制了,好像就把自己给彻底丢了的

感觉，我会觉得这是件让人很恐慌的事，所以宁可让自己来控制情绪，我不知道为什么我没办法放心让外力介入。

陈瑜　那个时候你都控制不了自己，每天要洗澡两三个小时，自己会害怕吗？

Y　其实那个时候我倒没那么害怕，真正害怕的是每次洗澡的时候，我妈就会在外面吼，但我没法控制自己停下来，这样周而复始。

后来，我每天洗澡的时间开始增加，最多的时候洗四五个小时。洗澡的时候，我特别焦虑，知道不能洗了，时间又要超了。我觉得我真的是疯掉了！

陈瑜　这样的状态持续了多久？

Y　一直到进去（全封闭式改造机构），去年6月30日。

陈瑜　差不多有两年？

Y　嗯。

- 5 -

陈瑜　去年6月30日，高二结束，你去了那个机构。当时，你怎么就去了呢？

Y　其实到后面，我们吵的频率变低了，我觉得我妈可能终于好了，就很放心地躺在床上。然后一觉醒来，四个大汉围着我，把我硬塞上车就拉走了。

陈瑜　天哪，事先完全没有跟你商量过吗？

Y　完全没有说过！我进去后发觉，其他同学进来前几天，家长都要带他们吃一顿之类的，我没有。我进去前一天晚上本来要出去吃饭，刚好外面下大雨，我说明天吃，结果第二天就被送进去了。也就是说，我进去之前已经一天一夜没吃东西了！

陈瑜　被架进去之后，你当时反应得过来吗？

Y　里面除了有精神问题的人，还有一些混社会的，天天打架骂人。那里的老师当时对我的评价还挺好的，因为我进去了几个小时没有爆粗口。
我就很冷静，问怎么能出去。反正当时没反应过来，我真的不知道，迷迷糊糊就被骗进去了。

陈瑜　你肯定也问过你妈，为什么要把你送到这里来？

Y　她说她希望我变好，我就在想她瞎说！我当时问："你都舍不得让我爸进精神病院，竟然舍得送我来这里？"

陈瑜　我设想我突然被押到一个什么乱七八糟的机构，可能会歇斯底里地吵着要出来，你没有这个过程吗？

Y　我先跟老师说，她说可以给家长写信，然后我就写了好多封信。我妈回复说"我会很快把你接出来的"，我就没说什么了。9月见过一次家长，我妈说不会留我太久，说当年肯定会把我接走，我就信了。
其实9月的时候，老师陪我出去参加高中合格考。那次我没有从二楼跳下去，考完后跟着他们回去了。那次考试，老师

二、家庭关系　143

被拦在外面，只有我进去。要是从二楼一下跳下来，就成功了，但是我没有，我真的服了。

陈瑜　亲爱的，你说如果你跳下来就成功了，是指什么？是指不想活了吗？

Y　不是，我从二楼跳下来的话，结果应该就是腿断了，因为楼下刚好有棵树。我跟原来的高中同学在一栋楼考试，只要跟他们说一声，然后引起轰动的话，指不定就可以拼一把出来了。

陈瑜　我的天！

Y　我当时想的是，如果我当年就能出来的话，那就等一等，因为我跳了，伤指不定养不好。结果没想到一不跳，就在里面待了整整一年啊！

现在想来，我跳的话，腿残了上半身还能动，至少能出来。即使被送回去，也不用每天体训，还要念很"逆天"的感恩词。我当时本来想让我同学报个警，但一是因为我未成年，二是因为我不想麻烦我同学，想着反正很快就出来了，那我忍一忍好了。

陈瑜　你们那边真的有孩子是用这种方式出来的吗？

Y　还没有。

陈瑜　这个想法是你自己想的？

Y　对，因为我们几个出去考试的，有的家长真的很快就把他们接走了，真的没有留他们满一年啊！

10月，我给我妈磕头，让她接我出去，然后我妈就不理我啦，她还告诉我老师，说我要求回家，然后老师把我拽过去训了一顿。哦哦哦，天哪，我就是可怜的汤姆猫，被人玩弄于掌心！

陈瑜　我以前采访过一个女孩，也被送到类似的机构，她跟我说那里有很多孩子自伤自残，还有想要逃出来的。她就每天拍大铁门，后来总算出来了。

Y　我有个同学就跟她妈硬闹，她是12月底来的，比我还早出去，一点体训都没受。她闹了以后，她妈是真的会跟老师去说，我闹了以后，我妈会说"你要服从老师安排"。我很不抱希望的，你懂吧？我们有些同学就这样往手上划拉（自残），我知道我这样以后，肯定要被我妈嘲讽，她肯定要说什么"死又不敢死"这种话。

陈瑜　你觉得你就算闹，也达不到你的目的。

Y　对。我有个同学，她手上割得跟渔网一样，后来就去精神病院了。我觉得去精神病院可能还好一点，她后来在网上还回复我了，估计医生有时候会让他们碰碰手机吧。而且精神病院至少没体训，还可以学习。

- 6 -

陈瑜　你在那里每天是怎么过的？

Y　前三个月是体训，后面是早上体训，上午上三节课，但是学得就很"水",因为老师也教得不好,真的是稀巴烂啊。你要教得好的老师,得加钱补课。

每节课40分钟,下课10分钟是要站在走廊里集合的。啊!我的天哪!

那里也有心理咨询师,她觉得我是个攻击性很强的人,一直说我没有羞耻心,没有感恩心,反正一直会说这种话。

陈瑜　这算啥心理咨询师!
Y　说我以下犯上,僭越。

陈瑜　放眼望去,里边的学生是什么样的精神面貌?
Y　我们那里有几个待得比较久的男老师,说你们真是一届比一届没有精神,之前几届皮是皮了一点,至少是充满活力的,说我们越来越死气沉沉了。

今年2月有一批因为学业压力进来的人,都是那种看上去比较乖、内心比较怪的,他们和那种混社会的人不一样。那种混的人,可能老师一凶就收敛了,而那几个因为学习压力进来的,老师在那里都严肃得不得了,他们就在底下"摆烂",很决绝,非暴力不合作,他们不会打架,就是什么事都偷工减料,所以导致一整个管理体制全部崩掉了。类似教官的那种男老师在上面哇啦哇啦讲,底下一群人在骂。

我每天就低着头看书,问别人借,我真的是到处蹭书看。我走出来排队的时候也盯着书,反正逃避是很有一套的。

陈瑜　你看书只是伪装,还是真能看进去?
Y　真能看进去。

陈瑜　把自己扔到另一个世界里面去?
Y　　是是是。

陈瑜　你洗澡问题、强迫症的问题有解决吗?
Y　　当时其实我有意不让自己那么干净,那个时候倒还好,10分钟洗澡,我有时候还不洗呢。反正那里又不是好地方,糟蹋了我也不心疼。

陈瑜　焦虑和抑郁的状态有改善吗?
Y　　一点没有。

陈瑜　你妈多久探视一次?
Y　　一个月一次,我还给她磕头,让她带我出去,她说她会带我出去的,结果临到末了,就找各种理由说你最近状态不是很好,就不能出去。

陈瑜　除了家长探视,你们平时还有其他机会出来吗?
Y　　没有,但我每周看病,5个老师带我一个人出去看病。我进去以后就停经了,就一直吃药,吃到来年3月才正常点。吃药一个月要花1000元呢,我不知道我妈花这钱干啥。
　　　她在某些地方就特别肯花钱。我高一的时候,她开始信教,每天在教友群里面发红包,说日行一善,把这钱给我多好。今年2月的时候,我已经不相信我妈的话了。当时我跟这个机构里的几个混子同学已经处得挺好了,他们给我搞来了密码,我就可以上网了。我给我初中同学写信,结果信应该被截胡了。我不知道我妈有没有看到,反正我们老师应该跟

二、家庭关系　　147

她说了一些我的事情，但是也没有给她看原信，因为原信确实很可怕。我在信里面成功规划了我的逃脱路径以及抱块石头沉江底的事情。我就直接跟同学说了："这里是个畜生地方。"

我妈后面每次见我，都会说："每天不好好学习，在这里动什么歪脑筋，也不知道我拿钱养着你有什么用！"

陈瑜　你妈从头到尾都没有觉得把你送到这样的机构有问题吗？
Y　　对，没有，到现在也没有。我今天还得给那里的老师拍视频，介绍我的最新状况。我不拍的话，他们就要来我家了！我的天哪！悲惨人生啊！受不了啦！

陈瑜　那个地方一年多少钱？
Y　　10万。

陈瑜　我的天！
Y　　是不是很震惊？是不是很震惊？所以我现在就是要把我妈的钱干脆花光，免得她哪天把我送到什么奇怪的地方，或者在她的微信群里日行一善发完了。

- 7 -

陈瑜　那里到期能出来吗？需不需要家长同意？
Y　　到期了就会让家长接出来，只要不出太大问题，唉。我是一年期的，去年6月30日进的，今年6月23日出的。我家长不接，我家长接的话，8个月就可以走了。有的6个月就可以走了，也有3个月就走的，有人就关了1个月，但是我没有。

陈瑜 今年9月还是没有去上学？

Y 我本来就决定不去了，我又休了一年。一是因为我想卡一下时间，看看能不能准备出国；二是我现在去了，肯定也学不好。我在里面什么都没学到。

我不知道我妈跟学校老师那边说了什么，反正我们学校的老师觉得我脑子有问题。太坏了，我真的讨厌！

我特别明智的一点就是，我跟我同学说过我没疯，是我妈疯掉了。我之前本来想承认我可能是有点问题的，现在我认为就是我妈的问题。要是我没说，万一哪天我跟我妈真打起来，我同学可能还会觉得我过激，想想有点可怕。

陈瑜 你担心有口难辩？

Y 我妈确实很会干这种事情，她会去说一件很明显是她错了的事情，然后又不承认。

陈瑜 你的高中同学和老师知不知道你上一年去了机构？

Y 没有，我跟我高中同学其实不是那么熟，因为我不怎么去学校，而且我跟我高中老师没话说。

跟我熟的只有几个比较好的初中同学，她们倒是都知道。还有我觉得我初中老师都更信我，而不是信我妈。我初中老师得知我去那里的时候，直接跟我同学说，觉得我很可惜。我知道这件事以后，特别感动，唉！

陈瑜 你现在在做出国准备?

Y 我说是要备考托福,但还是不能每天背单词,每天只想睡觉和玩手机。要命。

陈瑜 没有动力。

Y 对,我现在没什么动力,要是我现在每天都好好干活的话,肯定不会纠结这种事情,但是我现在干不了。我会比较"摆烂",我很"摆烂"。

我最近比较痛苦的还有一点,就是我以前那些喜欢的歌现在听不下去了,觉得它们有点刺耳,不知道为什么,然后现在喜欢上一些比较忧郁的蓝调、爵士乐,就很奇怪。

我总是会在不经意的地方找到自己好像没有什么价值或很烂的理由和证据,我好像在哪里都能很敏锐地捕捉到那些东西,我是一个比较糟糕的人。

陈瑜 你现在的生活有什么支持系统吗?有一些什么样的人、什么样的事可以给到你支持,给到你力量?

Y 没有。我同学也不可能实时在线,如果她们实时在线的话,我确保我能建立联结,就会好一点。如果一旦关上手机,某根线就断掉了。我知道她们那边肯定是没有断的,我肯定想多了,因为我有些东西光靠她们是填不满的。

昨天我跟我妈吵架了,我崩溃的原因是我妈在那里跟我说:"你怎么又买了一双拖鞋?"我确实有点洁癖,拖鞋确实会买得比较多,但我每次买拖鞋,就会少点一点外卖。

我没办法放松下来,我昨天跟我妈彻底发飙了,说:"你不要连拖鞋这种事情都盯着我!"她说:"你怎么这么能耐了,你有本事自己打工赚钱！"然后我就会想到我同学现在高中毕业了，一对一给人家上数学课，一个半小时挣400元，我就会觉得她说得真对。但是这话怎么听上去就是这么别扭，你懂吧？唉，我现在的生活确实很糟糕。

吵完以后，我急性胃炎好像又犯了。我躺在床上疯狂打我妈电话，我妈就没理。

陈瑜　嗯，跟你同届的孩子们今年都读大学了，看到他们各奔东西的消息，你心里是什么感觉？

Y　刚知道的时候，不会有什么感觉，但是可能会有情绪突然上来的时候，就觉得很可笑。我在这家里面跟我妈为了一双拖鞋的钱在那儿吵（哽咽），有点搞笑，人各有命。

我进去（机构）之前其实很怕死，但是出来以后，偶尔会想实在不行的话就跳吧，至少还有路，死了也未尝不是一种选择（哭）。

我有时候很崩溃，不知道该怎么去形容这种感觉，我会觉得无论是过去还是未来都好像太长了：过去长，就代表我浪费了很多时间；未来长，代表我走不完接下来的路。

有时候觉得，死其实是一件很轻松的事情，或者变成植物人也很好。我不是真的特别想死，我只是累，可能我本来就是很"烂"的吧。

陈瑜　目前最让你苦恼的是什么？

Y　我会很明显地觉得我的未来没有指望了，会觉得每个人都比我好。

陈瑜 你期待的理想状态是什么样的？

Y 不要有活着都是一种错误的羞耻感，能坦坦荡荡地活着。

陈瑜 阻碍你坦坦荡荡活着的是什么？

Y 我不知道为什么，就会有羞耻感，点外卖的时候会想，我今天又"摆烂"了，我真的可以吃饭吗？我有时候用湿巾纸用多了，都会在想，湿巾纸要花钱，餐巾纸要花钱。

感觉我每一步都是错误的，在结局出来之前，好像每一个选择都有无限的理由，我每次都会选择最错的，所有的东西都是最糟糕的。可能只要我活着，我就得不断地后悔。

我妈还在旁边一直说我"作践"自己，我的天，她怎么敢用这两个字说我？我真的好痛苦（哭）！

采访手记

父母情绪不稳定?
给孩子的三点自救建议

对孩子来说,父母可以没有高学历,没有高收入,但是不能没有稳定的情绪。

父母情绪不稳定意味着什么?意味着生你、养你的这两个人是捉摸不定的,是不可预测的,一旦你一不小心踩到某个点,他们就"炸"了,语言辱骂、肢体暴力,那个烈度是他们自己都无法把控的。

生活在这样的家庭中,孩子们终日会提心吊胆,不知道暴风雨何时降临。聪慧如Y,也最终被恐惧淹没,随之而来的焦虑、抑郁和强迫的症状,把她拽离了正常的学习轨道。

那些打着各种名号的改造机构,把所谓脱轨的学生收容在一起矫治。在支付高昂费用把孩子送进那些地方之前,我想请家长们明白一件事:一颗种子无法正常生长,全赖种子不好吗?更大的可能会不会是土壤营养不足、缺乏水分或是有虫害?我们单对种子进行"改造",不对整个生态系统进行重建,等种子重回原先的土壤时,就真的能茁壮成长吗?我深表怀疑!

更直白地说,孩子的很多问题,本身就是父母造成的,当孩子已经发展到无力继续学业的地步,那么首先需要改变的是父母。

遗憾的是,有些父母看不到自己的问题,更谈不上改变。在一线咨询中,我们常常会遇见这样的家庭。很绝望,是不是?这种情形下,我给孩子以下三个建议。

第一,有可能的话,去寄宿学校上学,尽量减少父母情绪对自己的影响。

第二,在生活中积极搭建其他支持系统,比如可亲近的老师、聊得来的长辈、能分享心事的朋友……在其他深度的情感联结中获得滋养和能量。

第三,有条件的话,寻找一位专业的心理咨询师陪伴自己走过最艰难无助的岁月。

这大半年里,我一直跟Y保持着联系,鼓励她跨出去,行动起来,看着她一步步探访新学校、参加入学考,最后拉着妈妈去跟校方接洽确认。只是,她时不时还会有波动。

有一天,她发来一幅作品,有一位艺术家在175颗还没成熟的苹果内插入纤细的钢针。原本以为这些钢针会留在苹果体内,伴随着苹果的生长而被覆盖,然而这175颗苹果却生长缓慢,有些甚至在成长途中枯萎死去。最后存活下来的苹果仅有75颗,这些幸存的果子干瘪、畸形……Y跟着发来一段感慨:"我并不想成为那些不正常的苹果,并且我也拒绝接受变成这类苹果。我要验证我有变成'漂亮'苹果的可能,这种可能不因为针的存在被剥夺,而这种验证注定会贯穿我的一生。"

我回复她:"你正在拔掉那根针,成为漂亮的苹果。你有这个权利,你也有这样的未来!"

孩子们,不要怕,慢慢长大,慢慢成熟,慢慢变得有力量,你们可以亲手拔掉代表原生家庭创伤的那根针。

07
"我是一个被父母和高考逼疯、抑郁的'00后'……"

> Aurora / 男生 / 高三 / 河南
>
> **概述**：得不到父母的理解和支持，一个高考生经历的各种至暗时刻。

"我是一个被父母和高考逼疯、抑郁的'00后'。"Aurora发来的第一条信息是自我介绍,看着让人有点揪心。

真是难以解释,Aurora这次在考场上的感受是非常好的,预估自己的高考成绩能上590分,但放榜出来只有380多分,整整相差200多分,距离本省一本分数线还差100多分。"我不接受这个成绩,我真的不觉得这是我的成绩。"他申请复核,但分数没有问题。

学校贴出今年的高考喜报,本科率达到95%。按之前的成绩来看,Aurora冲一冲能上"985""211",他无论如何也想不明白,自己奋斗了三年,为何最后跌出了本科线。

这一年,他被确诊为重度焦虑、重度抑郁,每天凌晨2点多惊醒,靠酒精换睡眠,扛过高考。而这一切,父母毫不知情。

成绩揭晓后的这一个月,Aurora无数次动过了结自己的念头,想再走回那栋烂尾楼,但好在这个世界还有能抓住他的人。

高一的时候,他给自己起了"Aurora"这个名字,既是古希腊的曙光女神,也是希望的意思。

爱和希望,是我对你最大的祝福,Aurora,愿每一天的曙光都能温柔地照在你的身上……

-1-

陈瑜 你当时看到高考成绩，第一感受是什么？

Aurora 真的，我不是很想说，因为那天晚上……我有过抑郁症，那天晚上，说实话，我凌晨3点都没睡，我想冲出去，我真的有想去自杀的那种感觉……当时我就觉得好像全都暗了，突然感觉过不去了（哽咽）。

陈瑜 跟自己的预估分差这么远，换作谁都会想不通，况且你之前有抑郁症，所以那个晚上肯定是最痛苦的。

Aurora 对！我很害怕坐在自己的屋里，因为高考之后，我的书摞了起来，我看着那些之前被我刷完的习题册、我自己写过的卷子……你知道我一米八七，卷子摞了两个我那么高。看着那些卷子的时候，我很崩溃！我当时会想，凭什么？凭什么要这样对我？我害怕看着那些我曾经引以为傲的东西。

陈瑜 会觉得好似一切白费了吗？

Aurora　肯定有，我觉得这些东西在成绩出来之前，是我的骄傲，是我的努力成果；成绩出来之后，更像恶魔，在扼住我！真的，说实话，看着这些东西的时候，心里很痛苦，我觉得不应该呀！为什么啊？怎么我高中骄傲了三年，结果最后跌出了本科线？我真的特别想不明白！

陈瑜　这个想不明白的劲儿，经过这一个月稍微好一点吗？
Aurora　没有，还有好多次，凌晨2点多，我坐在书桌旁边哭。说实话，我真的觉得自己既懦弱，又无能，一直到现在，我还是没能走出来。

陈瑜　爸妈看到你的高考成绩，他们什么反应？
Aurora　成绩出来之前，我妈说："你平常的成绩也还可以，虽然不是特别拔尖，但是至少能走一个不错的学校。我们风风光光地办一场谢师宴，怎么样的学校，咱们都走了。"
结果那天晚上成绩出来之后，我们坐在床上。我妈就一直在那儿翻专科学校的名单，我坐在那儿发呆，什么话都没说，我爸就一直生我的气。

陈瑜　嗯，那接下来准备走大专？
Aurora　成绩刚出来那几天，我是很倾向于复读的。但是成绩出来那天晚上，我妈就一直说："要不然咱就报个大专，走了行了，别折腾这一年了。"那段时间，她无数次让我读大专，我复读的信念慢慢就淡了，开始对自己没有了信心。然后在我决定读大专的时候，她又跟我讲："要不复读？"我当时觉得为什么要这样？她把我的自信心毁了，然后又告诉我要努力,她是在干什么?但这些话我都没跟她讲过。其实说实话,现在让我去选择复读,我没勇气,我胆子很小,不敢去尝试。今年可能真的是一个低谷,可能不会比这更低,但如果明年又达不到我心里的预期,就会觉得这一年没价值了。

- 2 -

陈瑜 在患抑郁症的情况下,你还能参加高考,真的非常不容易。你的抑郁症状是从什么时候开始的?

Aurora 之前一直有那种症状,但我没有去看,一直到去年6月。我当时有一个网课老师,他跟我说:"你最近这段时间上网课的状态不是很好。"因为他们后台有监控,可以看到学生的学习状态。我跟他说了一些心里话,其实我是一个比较逞强的人,不喜欢跟别人说,那天实在是憋不住了。网课老师就说:"我既然知道你这个心理状况了,我带着你去看看。"他是郑州的,我离郑州也不是很远,然后我去找他,他带我去医院检查了一下。当时医生没跟我讲,怕我出什么问题,然后是跟老师讲的。老师后来跟我说"既然你选择信任我,我就跟你坦诚相待",就把这些事情都跟我讲了。

陈瑜 医生诊断是什么?

Aurora 当时医生诊断就是说有失眠、严重焦虑、严重抑郁。

二、家庭关系　159

陈瑜 那个时候发生了什么样的事情，或者家里有什么样的情况，使得你在高三前进入这种状态？

Aurora 其实我初中成绩是很稳的，上了重点高中。当时觉得既然我考到了这样的学校，说明凭借我的能力以后考到一所不错的大学是没什么问题的。既然这样的话，我就努力去学，那个时候也没有觉得有压力。

我记得高一时取得了历史的单科第一，又带着十几个组员从最初的全班倒数第一组，一下子考到了正数第一组。那个时候我觉得自己很牛，真的很优秀。但是高二上半学期，成绩不知道为什么下去了很多，从班里第十几名变成了第三四十名。

我跟班主任解释，可能是考试失误。但是连续考了两次之后，还是那个成绩。我心里就想着，是不是这段时间状态出问题了，或者说学习方法不对？我得找办法调整。结果成绩有提升，但没有回到原来的高度，一直徘徊在20多名。我就说那不行，我就想着找办法，要回到我最初的成绩段位。

陈瑜 是不是心里挺着急的？

Aurora 我当时是着急，但心里其实是很理智的。

陈瑜 什么时候你的焦虑让你感觉有点过度了？

Aurora 大概是去年2月开始，家里出了点问题，爸妈之前在广州买房子，后面资金有点压力，还不上贷款了。爸爸是做工程的，接了我姑妈她女婿的项目，结果工程做完了，他们那边又不还款，我家的资金链就彻底断掉了。那个月我妈还不上信用卡，心里着急，心脏出问题了。

那天晚上，刚巧是我18岁生日，我就在我们家族群里跟我姑发消息："你看在我跟你十几年的情谊上，你借给我钱好不好？"然后我姑就在群里说我急着认钱、六亲不认，我跟她争了起来。

我妈说："大人的事情，你就少管一点。"我说："你让我怎么静下心来？你让我怎么能不管？我倒是想好好努力，你看你们在干吗呢？你们让我省过心吗？"从那个瞬间开始，我为家里的事情焦虑，又为学习成绩焦虑，慢慢就演变成后来的状况。

陈瑜 你觉得家里出了这件事，对你的学习造成了什么影响？

Aurora 真的，说实话，出了那件事情之后，我没办法把心思用到学习上了。记得很多次，我都是半夜惊醒，大概11点半、12点才睡，睡两个多小时，凌晨2点多，也不知道是怎么回事，突然惊醒，再躺下去根本就睡不着。就这样坐到早上6点多去上学，坐到班里开始打瞌睡。那个时候眼睛带着血丝，我们班主任因为这件事情找我出去谈过很多次，说："你这个样子学什么呀？你看你像个学生吗？"我就"嗯嗯"，也没有说过什么。

陈瑜 老师都没问你发生了什么，就这么指责你？

Aurora 他们不会问原因，他们只问结果，我爸妈也是。成绩出来之后，他们从来不问原因："你到底是考场上出问题了，还是心理上出问题了？"他们只问结果："你怎么考成这个样子？！"还不是问，是训斥！

陈瑜　　所以去年2月之后，你整个状态比较乱了。
Aurora　已经乱了。到6月确诊，当中那段时间虽然说混乱，但是我也是在正常地学习，我也很努力去做该做的事情。

- 3 -

陈瑜　　当时医生诊断是严重抑郁，你那个时候有过轻生的想法吗？
Aurora　何止是想到了，我那天差一点就跳下去了。我那天坐在一个烂尾楼上，十几层的样子，那个地方没有窗户，墙也特别矮。因为自己的状态不好，我喝吐了，当时一弯腰差一点就掉下去。
我当时心里在想，为什么没有掉下去？为什么要下意识地再扶一下栏杆？我掉下去之后是不是就一了百了就好了？我当时很想掉下去，把自己拦下来之后觉得自己好没用，不敢去死！

陈瑜　　你那一天特别痛苦，发生什么事刺激到你了？
Aurora　当时成绩不理想，我心里有落差，因为我心气比较高，想着通过自己的努力去证明一下自己，想在家借助网课平台去实现一次自学式的逆袭，不愿去学校。我爸妈非常固执己见，就说"你自己学不行"。
那天晚上，我特别生气，但没有跟他们大吵大闹，自己在公园坐到凌晨1点多。我妈看我一直没回来，就带着我爸到外面找我。找到我之后，他们第一反应并不是安慰我"你怎么样了"，而是指责我"你看你又乱跑"！

当时虽然是凌晨1点多，但公园里的人还是很多的，他们就让我当着所有人的面跪下去（哽咽）。说实话，从那天晚上开始，我彻底崩溃了。这些事情我忘不掉，太痛苦了，一直在我脑子里刻着。

陈瑜　这些事，包括这些心理活动，已经痛苦到这个地步了，你有跟身边的谁说过吗？

Aurora　我没有跟谁说过，但是当时跟网课辅导老师说过，"我已经到了活不下去的那种状态"。因为我俩关系特别好，他也觉得不舍得，怕我出状况，他就说："你为了我，你也要好好地活下去！"但是差点从烂尾楼上掉下去的事情，我没跟他讲过。

陈瑜　这个老师跟你说"你为了我，你也要好好地活下去"，当时你听到这句话，是什么感受？

Aurora　说真的，我是第一次听到别人跟我说这种话，第一次觉得原来有人这么看重我，那个时候鼻子一酸，差点哭出来。那个时候我还有自残的倾向，手腕上、手背上划得全都是伤。他说："以后你把你的刀子给我收起来，不许再这样了。你以后每隔一周，得给我开一次视频通话。"我说："那行，我答应。"那时候，我心里突然一暖，真的，原来还是有人看重我的，原来还是有人可以接受我的不完美。

陈瑜　老师这么说了之后，你真的就能停止伤害自己吗？

Aurora　至少那一段时间是停止下来了。

陈瑜　　这个老师在那一刻关注到你的异样，给到你这样的支持，像天使一样出现在你当时的黑暗里。

Aurora　对！他那天跟我讲："虽然我要离职了，不能继续带你了，但我私人微信给你加一下，你有什么问题、有什么状况的时候，及时跟我反馈，及时跟我讲。我虽然离职了，但是咱俩是朋友。"我那段时间觉得特别温暖。

当时除了他，同一家培训机构还有另外一个老师，她刚大学毕业，从我高一入学前就带着我、陪着我，是关系非常好的姐姐。虽然后面她离职了，但我们一直保持着联系。我没有跟她讲过这件事情，但是她看到我的朋友圈，说："不管怎样，你要好好地活下去！"她在天津，还说："你也一定要来天津见我一次。"今年高考成绩出来之前，我也如愿地去见了她一面。说真的，他们俩在我特别绝望的时候帮助过我，真的。

陈瑜　　从这个角度来说，你真的还挺有运气的，在这样的时刻有这样的人在。

Aurora　如果说没有他们俩，我甚至可能活不过去年的6月，我可能在那个时候就一了百了，什么事情都跟我无关了。如果没有他们，真的会这样。

-4-

陈瑜　　医院诊断后，就开始吃药了吗？

Aurora　吃了一个多月。那些药说实话副作用太强，价格也很高。

我也没跟我爸妈说，他们也都不知道，我用自己攒的钱吃了一个多月。

陈瑜　　后来你就自己停药了？
Aurora　对。

陈瑜　　擅自停药可不好，后面状态怎么样？
Aurora　那一段时间，我也很慌，担心会不会直接出问题，但是后面适应这样的状态后，也挺好的。

陈瑜　　你自己去看病，吃药又停药，经历过这么大的事了，你都没有跟爸爸妈妈说吗？
Aurora　没有。我妈知道我抑郁是今年6月25日出高考成绩那天晚上。我跟她说："妈，这一年我抑郁，你知道吗？你要考虑好一件事情，我可能会随时出现自残自杀的情况，你要做好心理准备。"直到这个时候，她才知道我出了这件事情。

陈瑜　　你妈是啥反应？
Aurora　她没有觉得这是个事情，她当时看着诊断单的时候，还在想着我的学业，她说："你出这件事情，你后面的学习怎么办？你是选择复读，还是大专？你读大专会出现心理波动，你复读也会出现这样的问题。这个情况，你如果读大专，可能还会好一些。"她还是在跟我说学业，没有觉得我生病是个问题，没有觉得我身体出问题是个事情。
其实去年6月的时候，我跟她说过一次，我说："妈，如果有一天我自杀了，怎么办？"她说："如果你自杀的话，你让我怎么活？"我心里就想着，到了我即将选择要自杀、我已经走到绝路的时候，她还要让我考虑她怎么活——那个时候我觉得很痛苦。

陈瑜 所以，她也依然没有来问你：孩子，你为什么想要自杀自残？

Aurora 对，她没有问我。她也是一个老师，很要强。我小时候，她跟我说过一句话，叫作"虎父无犬子"，她那么优秀，所以我也必须优秀。

陈瑜 我采访过很多老师的孩子，他们其实是有双重压力的，除了自己的学业压力，还背负着父母职业身份的压力。老师会想我是老师，所以我的孩子在教育方面不能输，否则就等于我的专业能力受到了质疑。

Aurora 对对！去年还有一件事情，高二结束之前，我跟她发生过一次冲突，我那天不愿意去学校，自己在家里待着。然后我妈直接踹我的门，说"你必须去"，把我的书扔了一地。我当时走到下面，在推车子的时候，我说："妈，你也是考过心理咨询师证的人，今天的做法，你觉得合适吗？"你猜她怎么说的？她跟我说："你记住，你不是我儿子，我也没有考过心理咨询师证，我没有教出过你这样的孩子！"她宁愿否认自己的专业能力，都不愿意承认我！

陈瑜 如果我是你，会感觉蛮无语啊。

Aurora 对呀，我那天就差一点，真的，又差一点……

- 5 -

陈瑜　　你不把诊断结果告诉爸爸妈妈,最重要的原因是什么?

Aurora　我觉得他们不相信,他们自始至终都不曾真的相信过我。因为学校食堂饭菜出问题,我之前还患过胃炎,胃很不舒服。我说:"妈,你带着我去医院看看。"她的第一反应是:"你为了不去学校,又在装什么病?!"高中这三年,我的胃就没有舒服过,但是我去医院检查,也确实没查出来什么问题。她就说:"你装什么病?!"

陈瑜　　也就是说,你即便告诉她你得了抑郁症,她也不会相信?

Aurora　对,尤其是像抑郁这种心理性的状况,她更不会相信,更会觉得你的心理问题就是学习不好导致的,你学习好了什么问题都没有了。

陈瑜　　我设身处地站在你的角度想,在郑州拿到这样一个诊断报告,回去也没法告诉家里人,那个时刻,可能会觉得特别特别无助啊!

Aurora　对啊!我把诊断报告拍完照之后,就当着辅导老师的面,把那份报告给撕了。

陈瑜　　为什么撕了?

Aurora　因为觉得没有意义,除了让别人觉得我是个懦夫,没有任何意义。

陈瑜　　为什么你会觉得得了病是懦夫?

二、家庭关系　167

Aurora　因为在他们的观念中，拿着病去跟别人说，那是很懦弱的行为。在他们的眼里：有困难，我要朝死里冲；没困难，创造困难也要往上冲。你患病了，那又怎样？别人患病了也能学习，你拿着这个报告跟我说，你的想法是什么？是让我同情你吗？你的目的是求得别人的怜悯吗？他们的想法就是这样，所以我也就坦然接受，把那份报告直接给撕掉了。

陈瑜　你觉得家里人不会理解，那你自己是怎么理解你得病这件事的？

Aurora　我当时觉得如果在这样的家庭氛围之下还不生病的话，那才是真的奇怪了。这是很正常的状况，我就淡然接受，只能自己一个人在痛苦里挣扎。

陈瑜　你说在这样的家庭里不得病才怪，你生活在一个什么样的家庭里？

Aurora　极度压抑！我爸爸大专毕业给别人做电工，出问题的时候，靠打架、辱骂、争吵来解决。妈妈虽然是教师，也有本科文凭，但也是用吵架的方式去解决事情。不是我说，没有强大的内心，真的很难从这样的家庭走出来。

今年过年的时候，我手里的红包大概有1000元。我爸那天晚上就说："我借你的钱用一下。"我说："你借我的钱，你还过我吗？我要买学习资料，我要用钱。"人家说"本事不大，脾气不小"，我爸就属于这种人。他就开始吵起来，就骂我："你跟你妈妈一样没本事。"就骂这些话。我说："你再这样骂，我去找我爷爷告状。"然后他说：

"你厉害，我管你叫爸爸行不行?!"大年三十那天晚上，他在我房间门口踹我的门，一直在大喊。我说："你烦人不烦人，我给你录着，我待会儿发给我爷爷!"我不说还好，一说他吵得更厉害了。

整个家因为这件事情，从初一吵到了十五。我爸跟我争，我也只能争，当然我不敢动手，只能是他们骂、他们打。我要是动手的话，他们又会给我扣上一顶帽子，说"你看这个孩子不尊重父母，只知道用暴力的方式解决问题"。他们堂而皇之地说我，各种批判、斥责我的行为。我只能在他们骂的时候在心里骂，遇到特别忍不了的情况，我回一句，但也绝对不会骂得特别脏。只能是这个样子。

陈瑜 你很多的愤怒不满，其实都要压抑在自己心里。

Aurora 对! 2015年，我弟弟出生。之前我妈告诉我她怀孕的时候，你知道我的第一反应是什么吗? 我很怜悯即将出生的小生命，我想："你又是上辈子造了什么孽，要诞生在这个家庭。"我心里是有这样的感觉的。

有一次吃饭，大伯问我："要是将来你弟弟争你的财产怎么办?"我很随便地就说了一句："他争让他争，他愿意要的话，给他，全给他呗。"我心里在想，这个家庭能给我带来什么财产? 除了给我带来一生不满的情绪，还能给我带来什么? 奢求他们的财产，你不是在开玩笑吗?

陈瑜 他们在教育弟弟时，会变得更有经验、更加理智一点吗?

Aurora 不会! 前几天，小家伙拿刷碗挣的零用钱去买吃的，妈妈发现钱不对，她的第一反应不是先问孩子："你是不是拿了

二、家庭关系 169

这个钱？你跟妈妈讲讲你是不是想要什么？"她不是，她发现钱少的时候，第一反应就是上去给了他一巴掌："你怎么能拿钱呢？你怎么能花钱？"，直接什么都不问，先开始打骂。那天我就在旁边，就是刚知道我妈怀了弟弟的那种怜悯心理。

- 6 -

陈瑜　　你那个时候焦虑抑郁，也没吃药，你的身心状况能让你应对高三这么繁重的学业吗？

Aurora　我那个时候心里横着一股劲儿，觉得学校、老师会给我带来更多的问题，我宁愿在家里自学。一直到9月开学，我也不愿意去。

当时我记得很清楚，每天早晨我5点多起床，拿着我的书，在公园里边跑边背，背一个多小时回来。我觉得自己的状态在没有任何人束缚我的时候是最舒服、最轻松的。但是我还是会在凌晨2点多惊醒，只能喝酒麻醉自己，喝完之后吐，吐完之后直接睡一天。就这个样子，没有任何的调节方式。我记得去年12月压力增大，因为复习刚结束，我觉得自己也没有学好，心里有点着急，那个月基本上都是稀里糊涂过的。

陈瑜　　你爸妈知道你的情况吗？

Aurora　我不知道，我不知道他们是刻意不想说还是怎么着。

陈瑜　　你手上自残的划痕,他们看得到吗?明显吗?

Aurora　对,看得到,也明显,但是他们很少能接触到我。基本上高三这一年,除了吃饭,我没有再跟他们产生过任何交集。我自己一个人一个屋,真的基本上一睁眼就在书桌旁,到晚上12点左右直接就睡觉。

陈瑜　　不过父母跟你毕竟生活在一起,你的情绪状态、你自残的疤痕,任何一个点都能看到啊。

Aurora　有一次我跟我妈说"我觉得我状态不好",她回我说"很正常,高三没有不累的,高三没有不辛苦的",然后就这样过去了。

-7-

陈瑜　　你刚才提到你有点不敢复读,因为压力太大了。你迎接高考,到底过的是什么样的日子?

Aurora　6:30学校上早自习,晚上10:10下课,这一天都泡在学校里,吃饭也在学校。然后回家,10:30洗漱完,就坐在书桌前学习,一直学到12:30。如果再学下去,这一晚上就睡不着了。然后开始睡觉,基本上就是两个多小时,两三点醒来后就在床上默想知识点也好,想各种事情也好,反正不睡了,基本上就是这样的一个状态。

陈瑜　　天哪,身体怎么吃得消?

Aurora　我知道吃不消,所以我借着上网课的名义,跟班主任请假，周六、周日不去学校，中午多睡一个半小时的午觉，我觉得身体是能稍微调整一下的。

陈瑜　　不可想象啊！我接触过特别多得抑郁症的孩子，其实他们是无力学习的，完全没有办法聚焦。

Aurora　高三上半学期，我就体验过那种生活，体验过那种心情。我知道我还有很多题没做，但我就是不想动，高三上半学期，我确确实实是这个样子的。

但是今年过年之后，一个女同学，我们俩认识三年，那天她跟我表白，我心里莫名多了一股劲儿。这话我没跟她讲，我在自己心里头说，为了这个女孩子，为了以后我的幸福生活，我想好好努力一把。如果那个女孩没有出现，没有跟我说那样的话，我也可能会无力学习的。

高三后半年，我的拼劲、我的努力程度特别强。心里的病魔只是隐身，并不是消失了，还是会出现失眠的情况。

陈瑜　　所以高三最后那个学期，因为这个女孩会稍微变得明亮一点，心里有个奔头。

Aurora　对，会稍微好一点。按照正常情况来讲，高三下学期"一模""二模"这些考试真的会压得人喘不过气来，但是因为她的存在，似乎会好那么一点点。那天我在我书桌右角签了一个名，说为了她，我也要好好地活下去。

陈瑜　　你看，每次在很关键的时候，都会出现一个天使。

Aurora　也是，每一次在至暗时刻总有一个人出现，拯救了我。但是，我觉得不是每一次我都能把自己治愈。其实高一、高二也出现过问题，但是那个时候真的没有人来救赎，我真的觉得自己已经走到尽头了。

陈瑜 　你的意思是，我们不能期待每一次都那么幸运？
Aurora 　对，我侥幸了这一次、两次、三次，但后面第四次、第五次呢？我还能继续侥幸吗？我还能再遇到帮助我的人吗？我真的很难去想象这样的事情，我不敢将自己放到这种机遇上面。

陈瑜 　所以你希望自己变得有力量，最后成为拯救自己的那个人？
Aurora 　倒也不至于说让自己变得有力量，我觉得自己既然已经活在这个低谷里了，能够走到哪里算哪里，能够活成什么样的状态，就是什么样的状态。不奢求未来有多美好，但求明天还能看到太阳，就这样的状态。

- 8 -

Aurora 　高考6月8日结束，6月9日那天早上，我发烧烧到了40多摄氏度。6月9、10日这两天，我体重掉了8斤。

陈瑜 　我的天！好比打完了一场仗，之前一直处于应激状态，现在这根弦松了，人垮下来了。
Aurora 　对。恢复过来后，我一个人出去旅游了，去黄山玩，那个女孩是安徽人。陪了她两天之后，我就去天津见那个女老师了。说实话,高中三年以来,我觉得最轻松的就是6月13日—19日这一周。

陈瑜　去见你想见的人,没有学业压力。

Aurora　对,我觉得自己真的好开心,但是其实中间还是发生了一个小插曲。

我到天津那天,我妈突然给我发了一段视频,文案非常简单:孩子在旅游,爸妈在辛苦翻志愿填报书。我当时心想,你到底是让我出来玩,还是不让我出来玩?你这个样子让我很难堪,你给了我钱,让我出来玩,又让我玩得不痛快,让我承受着这样的心理压力,你在图什么?当时,我把这件事情跟我尊敬的姐姐说了,她说:"你既然出来了,就把心放下来,你好好地玩。"

我最开心的应该是那天,在天津陪着姐姐去KTV唱歌,玩到了凌晨2点,然后回酒店。第二天一下子睡到9点才起来。我戴的手表有记录睡眠的功能,显示这是我睡眠时长最长的一次,我那个时候是有点开心的。

陈瑜　难得的放松!那6月25日放榜之后的这一个月,你是怎么过的?

Aurora　那个女孩也没考好,她打算复读,我就说:"你既然决定复读的话,我们俩一起再拼一拼。"其实我心气也很高,不愿上大专。我们聊天聊了有十几天,我妈那天晚上看我在玩手机,特别生气,就把我的手机给收了。

7月4日之后,她就一直坐在我旁边,天天盯着我,让我去写卷子刷题。我好几次看着她给我发的消息不敢回。每逢我妈或者我去上厕所的时候，我就拿着手机回她一次。当时心里很不能接受，又回到了我当初那个状态，凌晨2点多就醒。但是我妈没有察觉到我有什么异样，觉得很正常。

陈瑜　你现在决定复读了？
Aurora　我想复读，但又不想承受我妈的压力。我还是填志愿了，报的都是天津的大专，如果学校给我发录取通知书，我就带着录取通知书去到外地藏起来，或者在我们县城找个地方也可以。我的小金库里还有一点钱，如果看到我上大专，他们也会每个月给我一定的生活费。我打算偷偷地自学复读，以社会考生的身份偷偷回河南报名高考。我复读这一年，不想让他们在我旁边待着，不想让他们参与。可以说我报志愿，也是为了脱离他们。

陈瑜　这个是你已经想好的计划吗？
Aurora　是我已经想好的计划，确确实实是我的想法。

陈瑜　你为什么复读这一年不想让他们在你身边？
Aurora　我觉得没有他们的参与，我会过得很好。如果高三没有他们，如果去年6月开始没有他们在我身边无休止地斥责、唠叨，我或许今年能非常顺利地考到一所不错的学校。正是他们让我产生了压力，才让我出现了这些状况，让我这一年很崩溃。

陈瑜　所以你想远离他们。
Aurora　对。

二、家庭关系　　175

陈瑜　　而这一切依然是他们不知情的，你不想告诉他们？
Aurora　对，他们都是完全不知道的。

陈瑜　　你需要一个空间，让自己好好地调整、好好地成长。
Aurora　对，我就踏踏实实静下心来，让自己消失300多天，好好地完成一次蜕变，我觉得也不是没有可能。

陈瑜　　如果不去复读学校，仅靠自学，你也是OK的是吧？
Aurora　我认为是OK的。我个人认为如果去了复读学校，我这一年可能真的会撑不下去，不敢保证不会出什么问题。

陈瑜　　我感觉你想得挺明白的。
Aurora　在他们眼里，我永远是一个不明事理的孩子，但是我个人觉得我对于自己的未来有清晰的规划，包括未来我要走向怎样的岗位，我要过怎样的人生，我都规划得特别清楚，但是他们非要来插手。

陈瑜　　你对未来的规划是什么样的？
Aurora　我比较喜欢文科，喜欢历史，一方面可能是作为河南人的自豪感、认同感；另一方面，研究历史的时候，我真的能够完全放空自己，把自己带到过去的事情里，不用看着现实的苟且、不用考虑怎样逃避现实的时候，会很轻松。
　　　　我要是能够考上南开大学强基计划学历史的话，以后可以作为一名研究员，到中国社科院这些研究单位去工作。没办法去研究单位的话，到某个私立学校当老师，或者去某个公司里做普通的员工，我都能做到。

我不奢求未来大富大贵，只求能够有我的一席之地，能够让我在一个城市安安稳稳地生活，不被他们打扰。对于未来其实我想过很多，但是核心有一条：远离爸妈！

陈瑜 你对这个家没有一丝眷恋吗？

Aurora 没有。高中三年我无数次想离开这个家，无数次在夜里想过，考上大学后我就终于可以跟这个家毫无关系了——这有时候也成为我的一种动力。我当时心里就想着，再坚持一下、再努力一下，就可以离开这个家了。我对这个家没有产生过任何一丝丝留下来的想法。

陈瑜 你所谓的"离开"是真的连联系都没有，真的连过年都不会回来吗？

Aurora 过年都不会回来一次！大一开学之后，我就不回家了，哪怕是春节，我在天津找份工作，端盘子洗碗，甚至扫大街，我都愿意干，反正不回家！

陈瑜 你有想过在万家灯火的时候，你一个人在一个陌生的城市……

Aurora 在这个家里，我没有觉得哪一次过年过节是开心的。过年更痛苦，别的亲戚回来，大家都想风风光光的，可是我爸的能力又达不到那样的水平，还想要去逞强，让别人看到自己过得多么好，但我妈不同意，觉得你不要再浪费钱、浪费精力。每逢过年必定吵架，所以说我就很害怕。

有一次我记得是中秋，大家都在过节，我一个人在湖边

二、家庭关系　177

散步。公园有一个门卫大爷说："小伙子你怎么不回家？"我随口就答了一句："我没家。"然后在那个地方，我喝果汁，大爷喝酒，我们俩就在那儿唠，说了半天。

陈瑜 是不是在心里边，你已经觉得自己是一个没有家的人了？

Aurora 对，我觉得自己应该是个孤儿，如果我是孤儿的话，我会过得很开心。不用承担所谓爸妈的爱的压力时，我似乎是一个完全独立的个体时，我是很开心的，我是很舒服的。或者说有别的人，比如在郑州的老师、在天津的姐姐或者我的女朋友，在他们的陪伴下，我才觉得开心。除此之外，只能是我一个人在一个环境里。

陈瑜 如果那个时候爸妈疯狂地跟你说"你没良心，你白眼狼，我们把你养大，让你读了大学，你就再也不来理我们了"，你会怎么想？

Aurora 他们怎么说就由着他们怎么说吧，我已经想过了，如果他们这么说，我就拉黑删除他们，但是作为子女尽孝尽义务的话，我可能会每个月给家里打一点钱，作为回报，最多只能做到这样，我不可能再回那个家里。

陈瑜 你不回那个家，是希望自己不要再受到伤害？

Aurora 对，完全是自我保护的行为，完全是不想让自己再置身于那样的痛苦之中。

陈瑜 嗯，有时候父母伤害了孩子，反过来又来指责孩子没有良心，这是特别不公平的。

Aurora　对！所以我也不想当一个父亲，我不觉得自己未来有抚养孩子这种能力，家庭带给我的伤害，我不想再带给孩子。

-9-

陈瑜　感觉好些事情，现在和未来，你来来回回已经想了可能不止一遍了。

Aurora　我甚至想到我如果离世了，我要跟我天津的姐姐托付：把我的骨灰撒到海里。我心里其实已经想过这样的话了。

陈瑜　你依然会有一种"我活不下去"的感觉？

Aurora　一定会，真的，现在还会有。成绩出来之后，我无数次想过自杀，想再走回那栋烂尾楼，这样的想法很多。

陈瑜　你是怎么说服自己没有去干的？

Aurora　看书，看书的时候可以暂时脱离现实一会儿，可以让自己暂时放松下来。

陈瑜　你也一直在寻求自我调整的方式。

Aurora　倒不是自我调整、自我救赎，而是暂时地脱离现实，不愿意去面对，不愿意去想。其实只是这样，不愿意接受现实的想法再延伸的话，可能就是离开这个世界。

陈瑜　你觉得这个世界能抓住你的是什么？

Aurora　很难说，一个是书，另外就是这三位我爱的和爱我的人。

陈瑜　　嗯，爱本身是最值得的。

Aurora　对，我其实有想过，如果这三位没有在那些时候出现，我会死在哪一个瞬间。比方说，我在某一天、某一个环节，突然抑郁发作了，我会不会直接拿把刀或者拿一个什么样的东西了结了自己？或许会有的，我自己有想过，这些念头有时候还是会冒出来。

如果有一天我被一辆车撞了，倒在血泊里或者变成一个植物人，对这个世界没有任何感知能力，我会很轻松，我终于不用再去想那些有的没的，那会是最理想的一个状态。

陈瑜　　还有一个方式就是把那些事放到身后去，不要让它们阻碍你前行，就像你自己规划的。

Aurora　可是，我在想代价。如果这一年带来的结果并不好，我甚至连大专都没得读的时候，我该怎么办？我每一次都是畏首畏尾的，怕前怕后、怕这怕那，想过的事情很多，敢做的事情很少。

陈瑜　　我倒是觉得没有比现在更差的了。

Aurora　或许，也确实。

陈瑜　　至少你在为自己创造一个舒服的小环境，可以去做相应的努力，至少不用辟出那么多的精力去跟家人耗。我真心觉得没有比现在更差的情况了。

Aurora　我很难说后面会怎样走这条路，也很难说我会不会出什么状况，都只能慢慢来想、慢慢来试。

陈瑜	嗯，不知道为什么，跟你聊了将近两个小时，我反正就对你特别有信心!
Aurora	哈哈，谢谢啦。

陈瑜	真的是，你就把我当作没有谋面过的第四个人吧。
Aurora	啊，陈老师，我想问一下你是在哪里工作的？如果有机会的话，我们或许可以见一面。

陈瑜	可以啊，我在上海。
Aurora	行，明年高考之后或者说找个机会，我去上海见你一次？

陈瑜	行!
Aurora	行!

二、家庭关系

采访手记

把孩子养亲了，
再来谈教育

正像Aurora计划的，他没去上大专，而是去异地租了一间小屋把自己藏了起来，专心自学复读。这期间，他偷偷溜回老家，以社会考生的身份报名了来年的高考。这一切，父母毫不知情，照例给他打生活费。

Aurora同样被蒙在鼓里，他离家一个多月后，意外收到了父母的离婚判决书，说让他看一看，没什么问题就同意一下，判决书就生效了。他算了算日子，开庭在他出发后不到一周，"合着他俩是早就准备了"。

这个家，小孩瞒着大人，大人瞒着小孩。

看Aurora一直在说"反正自己觉得挺轻松的"，我觉得也好，回道："家庭成员在一起互相伤害，实在是不如分开。"他认同，可过了一会儿，他发了一段心里话："但陈老师，你知道吗？其实怎么说呢，我觉得毕竟我也是个人，我也是有感情的，真的。到这个时候，我心里有一个感觉，就是再也没有一个可以让我说'这是我家'的地方了……那个感觉是很难受的。"

我看了也有点难受。曾经的一家人，在物理空间上如此紧密地生活在一起，却从未走进彼此的内心，亲子之间的沟通永远错位，永远架不起一座桥来。

从Aurora的自述中，我们可以看到孩子的期待和家长的回应偏差有多大。

他为家里资金链断裂犯愁，叠加学业焦虑，影响了成绩，大人们从来不会问"你到底是考场上出问题了，还是心理上出问题了"，他们只会说"你怎么考成这个样子"。

和父母大吵之后负气离家，凌晨1点，父母找到他后，第一反应并不是安慰他"你怎么样了，还好吗"，而是"你看你又乱跑"！

他高三向家长诉苦"我觉得我状态不好"，妈妈不问"状态怎么不好"，而是回话说"很正常，高三没有不累的，高三没有不辛苦的"。

他曾经跟妈妈说过一次："如果有一天我自杀了，怎么办？"妈妈依然没有问"孩子，你为什么想要自杀"，而是说："如果你自杀的话，你让我怎么活？"

…………

这样的对话似乎在很多家庭中反复上演。不，这都称不上对话，因为根本没在一个频道上。一次次的失望，到最后让孩子把自己彻底与父母隔绝。

"他们不会问原因，他们只问结果。"Aurora一针见血地指出了核心问题。是的，家长们太急于解决问题，一直在追问"怎么办"，但是连"怎么了"都没搞清楚，哪里来的"怎么办"！

如果孩子的情绪或行为出现了状况，记得一定要绕到问题的背后，去看看孩子到底经历了什么，孩子到底有什么跨不过去的坎儿。对想跳过这些步骤，一心只想搞定孩子行为和成绩的父母，我只想说，你们在渐渐失去孩子——这句话很狠，却是血淋淋的现实。

这些年，受邀给家长做讲座时，我常常用这个主题——"把孩子养亲了，再来谈教育！"意思是说，**亲子关系是教育的前提。没有正常的亲子关系，什么教诲、指导、引领，一切都免谈。**

二、家庭关系

中国父母重视教育，固然可以理解，但在家里，我们切不可站错位。把自己代入老师的角色里，把所有的时间和精力都用在盯孩子读书这一件事情上。孩子们在学校里已经有太多老师了，不是吗？他们缺什么？缺珍爱他们的亲人。

什么叫亲人？在Aurora的故事里，我们发现他的亲人不是父母，反而是网上的补课老师和远方的女友。他们在意他、挂念他、珍视他，在Aurora的至暗时刻，毫不吝啬地伸出援手。Aurora的每一次重整旗鼓，都是因为他们的存在。

如果，我是说如果，Aurora没有这份幸运，他会在何等的深渊里煎熬？紧跟着的问题是，一个十来岁的孩子，父母怎么可以从他亲人的位置上缺席？！

孩子因我们来到这个世界上，我们彼此之间该有多大的缘分啊，不要因为读一场书，就把这莫大的缘分毁了。

细想想，待到年迈之时，孩子就算功成名就却杳无音信，我们真的会倍感骄傲和幸福吗？至于孩子，有家难回，会不会是一种刻骨的伤痛呢？不值得，真的不值得。

抓紧孩子还在身边的时光吧，其实没有几年。让我们成为他们生命里最亲的亲人。

08
"爸爸出轨四次，妈妈让我去直面小三的挑衅，心好累……"

君君／女生／初二／广东

概述：父母的夫妻关系耗去了孩子太多的心力，负面情绪积累起来，学不动了。

读初二的君君要为这个家操心的事情未免太多了。

从她小学三年级开始,爸爸就连续出轨,前后有四段婚外情。这个家庭可想而知永无宁日,一个小女孩在其中被各种力量撕扯,抑郁了,甚至出现了幻听和幻视。

每个成年人都是那么不成熟,那让这个未成年人怎么办呢?我问君君,我能帮你做些什么?她说:"我就是想跟一个人说一下……我妈不让我跟别人说我们家的事,可能觉得丢脸吧,或者不想让别人看笑话,所以我的朋友都不知道我在想什么,我觉得一个人憋着很难受、很难受。"

- 1 -

君君 不久之前,我妈发现我爸出轨,我爸还不承认。

本来家里资金就周转不过来,我爸到处借钱,我妈在娘家都借了好几十万。结果我弟弟妹妹报名的钱都被爸爸拿去给小三花了。我们家里每次一到关键时刻就掉链子。每年的学费呀,反正就因为我爸开公司乱七八糟的问题,没法按时交。我从小到大,听我妈张口钱、闭口钱,所以真的很烦,我一听到"钱"这个字我就烦!

关键是她每次跟我爸吵架,我就得夹在他们中间。我妈没有钱了会让我去问我爸要,每次我爸都觉得是我问他要钱,我妈又一边催我一边骂我,说什么你不用吃了吗?你不用怎么怎么样了吗?我夹在中间很难受。

陈瑜 好似钱是家里一个比较大的事,让你挺有压力的。

君君 是啊,其实到我五年级之前,我们家经济一直都是很不错的,反正啥都不缺。但是现在,最最夸张的几天,没有收入,我们只剩几百块钱,我爸让我们自己想办法吃饭。

真的很严重，我觉得这是一件非常严重的事情！

我妈说不管他了，自己去找工作赚钱，从去年说到现在也没找，每次都不愿意跟我爸说话，都催我让我爸给钱。

我觉得我爸不是一个非常合格的父亲，很多东西你不去主动提醒他，或者告诉他，他永远不会在乎你的感受。比如我交学费呀，我们学校什么时候考试呀，他什么时候要来接我呀，或者是我什么时候要去看医生呀……有什么重要的事情，全都是我一个人记着，必须我提醒他，他并没有把我的事情当成非常重要的事情看待。

其实我很渴望父爱，所以每周末跟他预约时间。我每次都满怀期待，但是他每次都爽约，以致我慢慢地就习惯了。

一年级的时候，我们学校搞了一个活动，去植物园玩游戏、去野餐。那一次我爸好不容易去了，我还挺开心的，给同学们介绍我的爸爸，因为他是第一次陪我参加这种活动。然后呢，中途他还是走掉了，我就有点失望。

我爸反正没管过我，约好一起吃饭，给钱让我一个人去吃；买东西给我钱，让我一个人去买；平时周五放学，说好来接我，最后我还是一个人坐公交车、地铁；放假说接我也没来，我自己冒雨把书箱、书袋、书包、床铺、生活用品分着搬到校门口。别人都是和父母一起回家，我是全校最后走的。

我妈呢，虽然说她会比我爸好一点，但我还是觉得她很搞不清事情的状况。说实话，我妈确实是受害者，但是她真的很喜欢把我当出气筒。她心情不好就会直接来骂我，说她是我妈，她想骂就骂、想打就打。我听到她说什么"我就喜欢打你"，故意这样说，真的让我非常气！

我觉得她说得一点都不正确，我就顶撞了她，她一旦发觉说不过我，气不过就会打我。她有一次拿棍子抽了我一棍，有时候会给我手臂或者大腿一巴掌，在我小时候就是拿皮带、电线、衣架那些东西打。但现在很少这样打，一般都是骂我。我也没有办法，毕竟她也确实养了我这么多年，是吧？

陈瑜 你觉得妈妈每一次打骂你，有百分之多少的原因是你做错事情了，有百分之多少的原因是她纯粹拿你当出气筒？

君君 一般都是因为她跟我爸吵架了。那几天我说什么她都骂，说什么她都不耐烦，说什么她都说我笨，说我有毛病，对什么都想骂一句那种感觉。

就比如，我妈本来叫我下楼买酱油，我换好衣服之后再问她一次："是去买酱油吗？"她就会说，你有毛病啊，然后怎么怎么样。就是这样子骂我，后面就越骂越起劲。

陈瑜 从你记事起，父母感情一直不好吗？

君君 他们在我幼儿园的时候还好，自从我上了小学，他们有时候吵架、摔凳子什么的，有时候拿刀。到我五、六年级的时候，他们基本天天吵，直到不说话，那种僵硬的关系越来越明显。

至于他们现在的情况，我给你描述一下吧，就是他们互相拉黑，电话还有微信，都是互相拉黑。平时反正也不怎么说话，要不就是我妈骂他，或者互相吵架。

陈瑜 他们为什么争执呢？

君君 金钱，还有我爸近几年找了四个小三。

陈瑜　四个？！
君君　我真心受不了，对！

- 2 -

陈瑜　你是什么时候发现你爸爸有小三的？
君君　大概是从我三年级开始吧，我懂的事情也越来越多。第一次我也是听大人说的，他在深圳找了一个小三，对我们家影响不大，就是我爸没有给她花钱，她也没有现在这个这么嚣张，直接找上门来。

陈瑜　哦哦，你说四个小三是指不同时间段的吧？
君君　对，去年也有。

陈瑜　你当时知道后是什么反应？
君君　我知道他早晚是这样的，他在我心里没有一个好形象。

陈瑜　那你妈妈发现你爸爸有小三后，爸爸是什么反应？
君君　不承认呗，能怎么样？！其实不傻的话都可以看出来，他就是心虚，因为他死拽着手机不放，就是不给我们看，他说自己是清白的，服了！而且我妈有录音，他都不承认。

陈瑜　你妈是怎么发现的？
君君　我爸一个朋友提醒了我妈，我妈托人去查，因为他回老家的次数突然增多，太可疑了。我其实对现在这个小三起过杀心，她利用这方面骗过很多男人的钱。

我现在也同意我妈离婚，我妈说三个孩子她都要。我想着我在法庭上可以自由选择，但是我弟弟妹妹要判的，所以我想找到证据。如果到时候有一个判给我爸，我就当场吃药加割腕，因为我不想看到这一幕发生，但我无能为力。

陈瑜 你希望找到爸爸出轨的证据，能够让妈妈离婚。你有去实施吗，还是只是想一想？

君君 我确实有去试过。我爸会很晚睡觉，而且他非常护着他的手机，就是抱着手机睡觉，或者说把手机塞在枕头下睡。如果别人抢他的手机，他就有非常大的反应。

然后我就选择在凌晨3点到5点，就是他睡得最熟的时候，偷偷地从楼上跑到楼下偷他的手机。但是他睡得很轻，还是被他发现了。

之后，他对我越来越警惕。有一次，我趁着他看手机不注意的时候突然抢，但抢不过。

陈瑜 爸爸前前后后有四个小三，一个一个被发现，你心态上有变化吗？

君君 一开始我还小，肯定是不能接受的。现在我都看不清楚自己了，好像无感一样，现在对于他的事情没什么情绪波动，只是无奈。

我不知道要怎么去解决这些事情，他们说不归我管，但又让我去管，真的是心累。

二、家庭关系

陈瑜　让你去管什么？

君君　我妈让我发信息给那个人，让她远离我爸。我觉得我这么说还挺智障的，因为真的是我爸自己管控不好自己。

那个人竟然非常嚣张地打电话给我妈，发信息跟我妈对骂，感觉好像是我妈害了她。明明自己做错了，知道别人有老婆孩子，还觍着脸往上贴，你知道吗？真的是服了，这种行为让我感觉很恶心！

所以我觉得算了吧，要是实在不行就离婚，对我没有什么影响，但是对我弟和我妹应该会有一点影响。我爷爷奶奶带着我弟弟妹妹，如果长期跟他们生活下去，我觉得我弟我妹的三观真的会被他们带偏。

前一阵，我妈打电话跟别人说我爸小三的事情，我爷爷刚回到家，听到后面就吵起来了。我爷爷奶奶还是在维护我爸，丝毫没有意识到自己在说什么，还说我妈什么都不做，没看过孩子，可是我爸连管都没有管过我们。

后面我妈要把我们带去外公外婆家，我奶奶偏心我妹一些，所以就拉着我妹不让她走，然后我也拉着我妹，我妹一直哭着挣脱她。我爷爷就指着我骂："你今天敢走试试，看我不打死你！"我就说说他根本不讲道理，我妈帮了我爸那么多，放他们那儿就是个笑话。我让他别指着我，结果他急了，反手给我一巴掌，打得我半张脸都红了。我妈还帮我挡了一点，结果她的鼻子被打出一条痕，而且流了很多血。

后面我妈打电话给我外公，我爷爷还跟我外公说他教育他的孙女，说我非要拉着我妹走，我妹都不肯走，还说我不认我爸和他，我根本没说过这句话。他还打电话和好多人都这么说，这分明就是颠倒黑白，反过来他们都是受害者。

小时候我爷爷会教我很多道理，但出现这件事情之后，他们竟然不明辨是非，这样子胡说，敢这么唬我妈，还打我妈，我真的受不了，我忍不了！

现在我爷爷奶奶在我心里的形象就跟怪兽一样，一想到就后怕，我现在都有阴影了。我一开始以为我爸脑子不清醒，没想到我们家的人三观竟然都这么炸裂，我真的很失望，对我们家彻底地失望！

我爸应该是个很缺爱的人，我听说他小时候，我爷爷奶奶也是忙于工作，很少管他和我叔叔的。他们现在护着我爸，也许是一种维护。我觉得我爸的家庭教育真的很差，属于忘恩负义、自以为是那种类型，服了！

- 3 -

陈瑜 这个家需要你操心的事情太多了，会影响你学习吗？

君君 我一、二年级的成绩还好，五年级知道马上要上初中了，更认真，成绩一直在上升。我对我的语文、英语很自信，但我爷爷奶奶觉得永远都是别人家的孩子最好，无论我考得多好，他们永远不会满意。我语文98.5分全班第一，他们说这点分骄傲个什么劲。我开心一下也不行。别人比我高一两分，直接给我贬地狱里去。我第一次自残就是因为他们，不过不严重。但到了初中就不一样了，我到了一个很好的学校。初中科目多，一开始学得不错，后面直线下降，每大考一次降一个等级，我就开始着急了。怎么急都没用，背书记不住，老师一让回答问题我就手抖，有时候真的紧张到落泪。

我去网上了解、去查，就觉得自己的状态跟抑郁症很相似，所以我跟我爸说我想去咨询心理医生，想摆脱这种感觉，为了可以让我的成绩稳定，变回以前的样子。他答应了一个星期又一个星期。我跟我妈说，她说："抑郁症就是精神病，到时候别人把你关起来，你要死了吗？！"

后来我妈听别人说，又不知道干吗，说带我去看，但她跟看戏一样不当回事。后来评估出中偏重度抑郁症，她才跟我爸说。但她每次都按照她的想法来跟我说，怎么怎么样才能好，我这样做是没用的，天天让我跟她出门。其实我很讨厌跟她一起出去，她每次在地铁里说话超大声，我坐旁边都不想活了，一言不合就当众骂我。

我其实很享受孤独，我喜欢一个人在家吃饭、一个人学习、一个人画画，或者自己出去走走逛逛，戴着耳机逃避现实。

我今年3月休学了，因为我怕小中考[1]考不好，还产生了强烈的幻视和幻听。我真的学不动了，古诗刚背上一句就忘了，一个单词读一百遍都能忘。

平时宿舍里大家都在互相传递焦虑，比如哪个学校是多少分，然后感觉自己要完了。我们宿舍通常中午大部分人都在写作业、背书，晚上作业太多，在宿舍用手表的灯照着背文言文。但是，我感觉自己无论多"卷"都永远在原地，周末在家从早上上课上到晚上，也没有不认真，但就是一直退步。

---

[1] 小中考也属于中考，它是七、八年级学生在每年6月初参加的生物、地理的考试，在这两门考试结束后，九年级课程中将取消这两门科目。

事实上，我觉得学习压力不是很大，主要是因为家庭问题，但我妈怎么都不承认，偏说是学习压力大，每次一提家庭问题，她都很激动。她觉得对我已经够好了，供我吃住穿，还有学习，她觉得已经做得够多了，所以没有什么对不起我的，一切都是我自己想得太多，压力太大。

我的情绪从初一下学期开始就有非常大的变化。我妈每次骂我，骂完之后让我自己走路回家。夜路很长，我每次都是大哭着回家的。有一段时间，天天都是那样子哭着回家，可能是负面情绪堆积得多了，就成了这个样子吧。

我发现我们家里面没有任何人可以给我带来一点正面的情绪，只有在跟弟弟妹妹玩的时候，跟他们说话的时候，我才可以体会到那种真切的高兴。

陈瑜 你今年3月提出休学，那个时候发生了什么事情吗？是整个人的状态没法支撑学习了吗？

君君 到初中大家都挺优秀，自己的光环就没有了，现在无论怎么追，感觉成绩都上不去，反而直线下降。你想想，我初一刚去学校的时候，生物、地理能考到90多分，可以排在班级前几名。到初一下学期的时候，生物、地理期中考试，我竟然在我们班考了倒数第二名，40多分，这个落差！

升学的话，要准备生物、地理考试，我不愿用这种状态去参加考试。万一考个七八十分，我真的会哭得死去活来。真的是受不了，我不愿接受！所以我觉得得等我的这种状态没了，明年回去，如果到时候真的只能考这么多分，那我也愿意接受，没法再用什么理由去反驳这个成绩。还有住宿和学校人际关系的问题，加上搬家不适应，以及爸妈的关系越来越恶劣,都对我产生了非常大的影响,反正我就觉得该歇一下了。

但其实歇了还不如不歇,我回来后更难过,因为跟家人接触得更多了。我跟我妈一直待在一起,她时不时会跟我说我爸怎么怎么样了,这让我很烦,就是一直沉浸在这种负面情绪和消息中,我真的很烦。有一次我妈一大早就唠叨,我那一天都很暴躁,看见草都要骂两句,电梯都快被我撞坏了。

我觉得这种生活过得太压抑,我太难过了,我真的很难过。

- 4 -

陈瑜 你现在在治疗吗?

君君 差不多每个月要去一次吧,可能是因为我自己描述得不够清楚,我总觉得给我开的药不对,反正吃了对我效果真的不大,后面症状越来越严重,我真的不想再吃这个药了。

陈瑜 你刚提到你有幻听、幻视,是怎么回事?

君君 幻听就是总听到有人喊我的名字,可能就是一种条件反射。我妈习惯性地说话很大声,有时候喊我的声音真的很恐怖,很凶、很暴力的那种感觉。敲门的声音连续、很大声,所以我就会突然被吓到。

幻视就是晚上看到一些奇奇怪怪的影像,一转头或一瞬间总会很警觉,觉得有人在盯着我、看着我:感觉我在这一侧睡觉,另一侧就躺了一个人;下楼梯的时候,感觉下一刻那个人就会在转角看着我,或者把我拖走;洗澡、洗脸、洗头,我从来不敢闭眼睛,必须睁着一只眼;还有我房间的地板,会发出一些脚步声,白天晚上都有,我就觉得很恐怖。我的天,什么都看不见,但是就觉得我的房间里面还有两个人,细思极恐!

那段时间就真的是怕到了极点,我跟我妈说了这些,她就又找了一个什么人给我算命,给我弄了什么乱七八糟的符。后面一次,去找我妈朋友的奶奶,她也会盖那种符印,还有什么红绳、毛巾、护身符之类的。说实话,其实我也没有很相信,但是没办法,我照做了,这样能减轻我的害怕,就是只能骗过我自己。

陈瑜 你觉得那双眼睛和那个叫你名字的声音,是妈妈的吗?

君君 叫我名字的,有时候是我妈,反正就是我妈的声音,可能是。但是有时候感觉又是小孩的声音,不是我弟弟妹妹的声音,就是小孩的声音。脑海中有很多莫名其妙的声音,但很多是我妈的。

至于说盯着我的那双眼睛,是我所想象的"鬼"的。可能是我想象力太丰富了,就是一些妖魔鬼怪的眼睛,我自己能在脑子里一瞬间描绘出来,他的眼睛会有多恐怖,他穿什么样的衣服,他长什么样,然后会让我一直恐惧下去。

反正那就是想象的一双非常恐怖的眼睛,不过不是我妈的。要真的是我妈盯着我的话,只会让我更恐惧。

陈瑜 为什么如果是你妈的眼睛,会让你更恐惧?

君君 那是因为我可以感觉得到,盯着我的那双眼睛是我想象出来的，虽然很恐怖，但它是假的。要是我妈的眼睛，那就是实打实的，真正有一双人的眼睛无时无刻不关注我，我真的觉得这样子会很恐怖。

可能是因为人比"鬼"恐怖吧。

- 5 -

陈瑜　你在这样的家庭环境中长大，真是太不容易了。一来，你要为家庭的财务操心，很没有安全感；二来，父母的婚姻关系又是鸡飞狗跳的，你还要受连累；三来，家庭问题又影响了你的学业，造成的压力也很大。对于未来，你期待有一些什么改变吗？

君君　我只对我的学习抱有期待。我希望我可以把我的生物、地理背得滚瓜烂熟，把数学的基础巩固一下，语文、英语各方面都要提升很多，其他科目的话，不好也不坏，各科还是要复习一下。

我对我的家庭没有抱任何的希望，所以呢，我只想着靠自己。要说真正地逃离家庭，离开他们，自己一个人生活，那还得等到大学之后，那个时候我的病情应该会真正地好起来、真正地有改善。

陈瑜　君君，你觉得我能帮你做些什么吗？

君君　我就是想跟一个人说一下。坦白地说，我这些年，令我不开心的事，还有我的家庭情况，我真的很想找一个人说，因为我妈不让我跟别人说我们家的事，可能觉得丢脸吧，或者不想让别人看笑话,所以我的朋友都不知道我在想什么,我觉得一个人憋着很难受、很难受。

我有一次去书店,看到了你的书,然后我就买了。看到有很多少年去添加你的微信,跟你诉说他们的故事,我就觉得,哎,这样子还蛮好的!然后就想跟你说我的故事。

陈瑜 谢谢你对我的信赖。你讲述得特别清楚,在这个过程当中,我们看到了夫妻关系不和对孩子成长造成的影响,可以让很多家长警醒,特别珍贵。等文章发出来了,我会转发给你,有可能下一本书里就会有你的故事。

君君 好的,谢谢老师的理解。

采访手记

请让孩子安心做一个孩子

在君君家，孩子的事情父母不放在心上，但大人的事情孩子却件件操心：为家庭的财务状况操心，为父母的夫妻关系操心，为妈妈与祖辈的矛盾操心。

君君有多难！在妈妈跟爸爸吵架后，要充当妈妈的出气筒；当爸爸有外遇时，要替妈妈做小三的劝退工作；当妈妈与爷爷奶奶发生冲突时，要跟着一起干仗……就问一句，这个家这般血雨腥风，孩子怎么可能好好读书?!

不成熟的父母会将孩子搅进家庭争端中，不停地向孩子诉苦，让孩子为自己挺身而出。这是一种非常过分的越界行为，颠倒了亲子关系，使得孩子不知不觉成了这个家庭的"拯救者"。但事实上，孩子既承担不了成年人的负面情绪，也根本没有能力解决父母之间的问题，这种无力感和挫败感只会把孩子压垮，就像眼下的君君。

所以，如果你是父母，请让孩子安心做一个孩子，或者说创造一个良好的家庭氛围，让孩子可以安心做一个孩子，要知道"安心"是孩子们好好学习、健康成长的大前提。

如果你是孩子，碰巧你的父母长不大，那怎么办呢？"凉拌"！父母的夫妻关系是他们的事情，由他们自己负责，与你无关。亲爱的孩子，请把自己从这团乱麻中切割出来，不要与爸爸妈妈陷入痛苦的共生关系，你是自由而独立的个体，你有自己的路要走。

最后我想说，和睦的夫妻关系是最好的家庭教育，在潜移默化的日常示范中，让孩子懂得如何与自己相处、如何与他人相处、如何与这个世界相处，这才是一辈子的财富。

三

学校关系

09
"我又受到校园霸凌了，甚至连学校都不敢去……"

娟／女生／初二／某西部省区

概述：遭受校园霸凌，在无边的黑暗里孤立无援，逃课、抽烟、喝酒、自残。

"娟，今年初二，单亲家庭，被妈妈从小抛弃，经历了校园霸凌。这一年多有自残、抽烟、喝酒、逃课、休学的行为，手腕上划的口子挺多的。"

一直关注"少年大不同"的L女士向我推荐了一个做"少年发声"的女孩，她介绍说："我是一名志愿者，我小孩的小学数学老师让我关注并帮助一个孩子。孩子大了，不像小学时接触多，一个月前，我才知道她经历了很多。"

L女士发来她和娟的聊天记录，她跟娟说："阿姨觉得你的故事可以帮到很多人，能唤醒天下的爸爸妈妈们，让天下的孩子少受一些伤。你是上天派来的天使。"

娟回复说："我也不想让更多人走我的老路。放心，这个我可以的。"于是，她成了"少年发声"的发声少年。

娟曾被当众扇过四五十个巴掌，围观者将过程拍摄下来放到了社交平台上。"不准报警、不准告诉老师"的恐吓吓住了她，她守着这个秘密，以为可以躲过，但下一次霸凌接踵而来……

- 1 -

娟 当时我刚升入初中,对外面的事情比较好奇,比较喜欢玩。我是那种对任何人都没有防备的人,什么样的朋友我都会交。
有个女生提醒我,让我离那些人远一点,要有一个界限,害怕我被带坏。

陈瑜 在提醒你的人眼里,和你一起玩的那些人是在社会上"混"的?

娟 对,那个女生说不要跟她们走得太近,说她们现在上学已经上不进去了。她们就是因为从别人嘴里听到了这件事,认为是我在背后说她们坏话,所以她们就找了一个机会报复我。当时一帮人过来,也没给我说什么原因,就直接把我拉过去了,然后拍视频的拍视频,骂我的骂我。

陈瑜 那次她们打你的时候有多少人?

娟 动手的有三个,围观的有二三十个。

陈瑜　当时被叫去都吓死了吧，这个阵势。
娟　　刚开始还没有这么多人，到后面人就越来越多了。

陈瑜　周边看的人，有没有来劝阻的？
娟　　没有。旁边有喊"赶紧打"的，有喊要上厕所的，乱七八糟的。当时她们打人，就说我骂她们。

陈瑜　她们劈头盖脸扇你耳光？
娟　　对，她们打完之后，我脸肿了，头发也给打散了。

陈瑜　你被扇了多少个耳光？
娟　　反正打我的人一共有三个，算一算四五十个耳光吧，而且每一个耳光都扇得特别重。当时拍视频的人距离我有五六米，她们打完之后再看视频，那个声音就特别明显，属于有回声的那种。

陈瑜　那时候有想过逃或者自我保护吗？
娟　　我当时处于特别蒙的状态，她们打完之后，我都没有反应过来是怎么回事。
　　　有一个打我比较少的人，就站在那里跟我讲道理，她说："你看你说的这种话，你觉得你听了会不会舒服？"我并不赞同，因为我并没有这样，然后我跟她们解释，解释到一半她们就打断了，说了很多类似于恐吓的话。

陈瑜　当时现场就有人拍视频，你被拍的时候心里慌吗？
娟　　有吧，我很害怕那天的内容会让别人知道。这件事情完了，我就往家走,我感觉那一路上都有人在看我。

第二天,我的小学同学,她在另外一个地方上学,她就问我"怎么了"。当时我以为他们不知道这个事情,我就说:"没咋,咋了?"她就说:"我手上有你被打的视频,我们看到了。"人家是本着关心我的意思,但是我当时特别极端,也特别难受,就骂了她一顿。

后面,我直接不敢出门了,甚至不敢社交,连学校都不敢去。

-2-

陈瑜　当天,脸都被打肿了,有去跟老师或者家里人说吗?

娟　　没有去说,因为我试着跟他们说,发现他们态度冷淡,特别让我害怕,我也就没跟他们讲。

陈瑜　你当时是怎么试着跟他们讲的?他们又是什么反应呢?

娟　　当时我爸在家,我就站在别人的角度,说我们班有个女生,因为一些不明不白的情况被别人打了,打完之后整个人都特别难受,有点想不开。我说:"你们怎么看?"家里人就说:"她要是被打,那肯定是她自己不学好。"
我也没再往下讲,就回房间把门锁上,一直不出去。

陈瑜　他们没有看出来你脸受伤了吗?

娟　　我当时戴着口罩,而且跟他们说的时候没有面对面,我在门口,他们都在沙发那边玩手机之类的。

陈瑜　所以他们的这个想法和回应，对你来说特别令人伤心和绝望，觉得没有人能够理解你的情况？

娟　对。

陈瑜　在那个时刻，你期待家长怎么回应？怎么回应会让你比较有安全感，能去寻求帮助？

娟　其实当时我心里没想我家人会不会很关心这件事情的起因，会不会联想到我身上。不管怎么样，就算他们看得出我说的这个人是我，或者就以为是别人，我也期待他们起码有比较正能量的话语，给我来一点鼓励，这样的话我也愿意把我的事情讲给他们听。但是他们的回答让我觉得很寒心，从那之后我也不想跟他们去讲我的事情了。

陈瑜　有想过跟老师说一说吗？

娟　没有，因为她们打我之后就说："我劝你不要报警，也不要跟你老师之类的讲。出事了，我们大不了就是被抓过去罚点钱，你自己想清楚，不然的话，我们见你一次打你一次，说不定比这次还严重！"

然后，我也就没有再纠缠下去了。我觉得我的那些事情是好是坏，都是我经历过来的，没有必要去把它讲给外人听，或者说因为我的一些什么事情让别人去蹚这浑水。我觉得可能有一次，就不会再有第二次。

当时也没有一个人表示同情或者理解，我情绪一度开始特别容易失控。我之前在家里还有老师眼里都是一个特别乖的孩子，有什么好事情，老师也都会想到我，但是在经历那件事情之后，我也不知道怎么回事，我会经常和长辈大吼大叫。

等我冷静下来之后，我就会特别后悔，又会怪自己，跟家里面道歉。

陈瑜　你对他们是有期待的，但你的期待落空了，你没有得到他们的支持，你内心也有很大的愤怒。

娟　有，我当时的负面情绪很严重，晚上也容易失眠。记得我当时一个人坐在床上，从晚上8点一直坐到第二天早上七八点，我就一直睡不着。感觉困了，眼睛闭上，我又发现自己睡不着。

那段时间对我来说比较黑暗，当时我一度陷入那种很无助的状态，整个人特别消沉，一天天就没有一点点生活兴趣，我不想上课，就各种作践自己，以前我特别看不惯自残，但那段时间我每天都在哭，手抖，有时候话也不想说，就拿着那个刀一刀一刀地划。

陈瑜　这个状态持续了多久？

娟　差不多一个半月没有去上学，然后老师给我打电话问怎么回事，问我为什么不去上课。当时我特别难受，没忍住，就跟老师讲了我的那些事情。老师就说她可以理解，说："如果你不想上课的话，老师可以给你请假，你可以好好调整一下你的心态，然后再用你原来那种让老师比较骄傲的形象出现在老师面前。"

- 3 -

娟   回到学校,过了一段时间,我又被校园霸凌了。当时我初一,那个女生初二。放学的时候,我在商店买东西,她把我从商店拽了出来,就扇了我三个耳光,打得我耳朵有点听不清楚,脸上面还有瘀血。前面的瘀血刚下去,新的瘀血又出来了。

陈瑜   这个人这一次又是出于什么原因?

娟   她说有个她玩得挺好的朋友,我吼她了。她们如果说要打一个人,就随便编个理由出来,不管是真是假,打完就不管了。

当时我们班有个同学找我借了一条裙子,还给我的时候上面有血渍,我就跟她说要洗干净。我不知道怎么回事,她就说我欠了她500块钱,但我并没有,所以我是不可能承认的,然后她就跟别人四处说我欠她钱了。

我记得最清楚的一次,应该是礼拜五,我们放学比较早,我刚回家不久,就听到一堆人在小区喊我的名字。过了一会儿,她们就过来,不知道是用什么钥匙在戳我们家的钥匙孔,大喊"你个婊子,你欠别人钱,你迟早出去被睡了"这样一大堆特别恶心的话。

我突然整个人都在发抖,害怕她们打开我们家的门进来。后来保安过来,把那些人全部轰出去了。我们班那个同学还恐吓我,说什么不要告诉你家长,用仿佛是安慰人的语气来说那些下流、让人受不了的话。

之后,我甚至都不敢出门了,害怕出去会有什么事。我们家里面看这个情况，害怕我有什么事，后面把这个钱还是给她了。

陈瑜 还是给她了？

娟 嗯。这件事结束后，我当时经常会怀疑自我价值，就想我活着的意义是什么。我当时有那种自杀的想法，而且次数会特别多。然后我用小刀划自己胳膊的次数就比原来要多了更多，本来我只想划那么一两下，结果第二天起来会发现我有一胳膊的划痕。

而且当时我还经常健忘，前一秒我还在想干什么，后一秒就想不起来要去干啥了。我还经常掉头发，对什么事都没有信心，之后变得不想和别人打交道，就只想活在自己的世界里，而且这种想法特别明显。

陈瑜 你觉得自己有抑郁的状态吗？

娟 没有，我当时连抑郁是什么玩意儿都不晓得，我也从来没有想过我会有抑郁这种情况。反正怎么说，我觉得像我这种大大咧咧的女生，这种事情是不可能发生在我身上的。

我初二上学期就没怎么去上学。我把我自己做的事放在眼前，就当成一个外人做的事来看，我在想我到底做错什么事情了，我觉得好像没有对不起任何人。

我觉得在这个时候我自己要生出一种勇气，就自己跟自己讲，遇到这些事情，你就把它当作一种考验，一种让你重生或者成长的考验，我得自己让自己长大。我当时让我自己这样想，然后心态稍微好一点。我也适当注意了一下我交友的范围，尽量不让自己再遇到之前的那些事情。

- 4 -

陈瑜 你们学校的老师对这些校园霸凌会有所耳闻，或者有所观察吗？

娟 当时学校还不是很重视校园霸凌的问题，从这一学期才开始有了抵制，给处分。

陈瑜 学校有了一些政策，对你来说好一点吗？

娟 也没有吧，因为是我让自己走出了这样的一个困境。

陈瑜 她们没有再来欺负你？

娟 行动上没有了，但是语言上还是有很多的侮辱，看见我就骂，看见我就骂，而且骂的每一句话都属于我特别讨厌、受不了的那种。看到这样的人，我就下意识地躲开，我害怕听到那些话。但是即使我躲着，生活在同一个学校，你说不碰见？不太可能。

陈瑜 你怎么看待她们对你的语言暴力？

娟 我之前其实很在意别人的眼光，但是后来我想通了，我活的这一生，不可能没有人对我说三道四，别人的眼光其实根本不重要，人不可能一辈子都活在别人的眼光里。

我就觉得别人说就说吧，他们再怎么说，我只要不往心里面去，她们说得再难听又有什么用呢？她们说她们的，我做我的，只要我没有对不起别人，我做什么事情只要对得起我自己就好了。反正后面她们再说，我也会理智地回击，在她们不了解事情的情况下，她们去随便评论，我就觉得不重要。

不管怎么样，我之前遇到的那些事情，都是为了我以后变得更好而打基础。

陈瑜 实际上你真的能做到不往心里去吗？

娟 漂亮话我确实会说，我有时候确实不会往心里面去，但是别人的说法有时候真的会左右我的想法，我就常常会自我怀疑。不过我还是秉着我自己刚刚想的那些，我也不会太把她们的话当回事。

陈瑜 有很多人三四十岁都还活在别人的评价里，你是怎么想明白这一点的？

娟 我当时把自己关在房间里面，两天不吃饭，我就一直在想这个问题。

我就在想，我为什么会遇到这样的事情，我为什么会在意别人的想法。我给自己做归纳总结，然后就归啊归啊，不知道为什么，我就突然感觉我想通了，别人想说什么就说去吧，我不可能那么完美，让每个人都称心如意。

我觉得我不可能因为她们，把我自己一辈子都搭在这些事情上面。虽然这可能是我人生中最不好的事情，或者说最大的挫折，但是我要把遇到的事情分开来看。

我首先要对得起我家里人对我的苦心栽培，然后我就决定不管怎么样，我都要先去把我的学上出来。我好好上学，到时候我肯定会有所成就。以后我再碰到她们的时候，是谁看不起谁，那是另外一种说法。我觉得不管怎么样，我首先要把眼下过好。

三、学校关系

陈瑜　　实际上踏进学校的时候还会有恐惧吗?

娟　　　会有一点,但是我觉得那些都不重要,我最终还是用理智战胜了一切。我鼓励自己从她们面前大大方方地走过去,证明她们那样做对我没有什么影响。

陈瑜　　好了不起!

娟　　　我当时想通这件事情之后,所有事就都从不想委屈我自身的想法出发,我觉得不管怎么样,身体是我自己的,健康的身体是我做任何事情的本钱。后面慢慢地,我就努力把烟戒掉了,酒我也不是经常喝,就稍微好一点,也不怎么喜欢出去玩了。

陈瑜　　最多一天抽多少根烟,喝多少酒?

娟　　　酒我没有准确算过,就是啤酒。我记得比较清楚的是我两三天就能把一包烟抽完,每天一心烦,就拿烟抽。当时我有用烟头烫自己的这种行为。
　　　　当然现在我也想不通,我当时为什么要这样做。完了之后,我就一直给伤口擦药之类的,也就不怎么看得出来了,现在淡淡的。

陈瑜　　那个时候你怎么会想到用烟酒浇愁?

娟　　　我也不知道吧,反正脑子里面突然涌上来了。

陈瑜　　抽烟、喝酒的情况持续了多久?

娟　　　烟酒是这段时间才戒掉的,持续了一年多一点点。

陈瑜 家里人有觉察到吗?

娟 有，在我抽烟、喝酒这件事情上，我爸爸还是比较生气的。他看到我一胳膊的疤，可以看出来，我的左胳膊明显比右胳膊要瘦一点，伤疤也特别明显。

我爸当时用衣架打了我的胳膊，给我打肿了，然后骂我，他说："你看一下你的胳膊，你想一想，我是你老子，我看着都疼！你弄那个的时候，你觉得你对得起自己，你觉得你爸我看到这个伤我不会很难过吗？"我爸说："有多少次，你当我看不见你抽烟还是咋了，我都不想说你，我就生怕我说一点过分或者难听的话，你会受不了。"他说："有些时候，我宁愿把自己关在房间里面，我抽自己两个耳光，我都不愿意去用更多难听的话去说你，你能不能明白爸爸的苦心！"

当时我真的特别难受，有一种说不出来的感觉。完了之后，我爸爸就抱着我，跟我说了很多话，当时我是第一次感觉到，我也可以在我哭得特别难受、哭得上气不接下气的时候，有个人把我抱在怀里面听我哭、听我倾诉，让我静静地去发泄我的那些负面情绪。

那也是属于我跟我爸爸交心最舒服的一次。

陈瑜 那一次你有跟他说抽烟、喝酒伤害自己的原因吗？

娟 我当时本来有跟我爸爸讲的意思，但是我想了想，因为我爸的脾气是比较冲的，他不希望我受到任何来自外界的伤害，我害怕我告诉我爸之后，他去找那些人，万一情绪上来出于保护我的心思打了她们，会让这个本来就不太好的家更不好。以我爸的那种脾气完全可能做出这种事情来。

陈瑜　　所以你没有讲，是因为想保护爸爸，也想保护这个家？
娟　　　对。

陈瑜　　时过境迁，家里人都知道了吗？
娟　　　知道。我爸就说都是我自己不学好，要是跟那些乖乖的孩子走到一块儿，每天按时上学、放学，哪可能有这些事情！我就感觉当时我爸说的这些话，比当时她们扇我耳光还要疼，好像刀子一样往我的心口上捅。我爷爷奶奶也都站在施暴者的立场，使劲在那儿说是我的错。

我不想怪他们，我觉得毕竟年龄不一样，想的东西肯定不一样，他们这么想肯定也有他们自己的原因。毕竟我爸爸跟我妈妈离婚后，为了我和妹妹也一直没有再找，从这一点来说，我就没有资格去怪我爸爸，毕竟是他养了我这么多年。如果说怪罪他们的话，我觉得按我爸爸的话来说，我很对不起他们养了我这么多年。

- 5 -

陈瑜　　你看过《少年的你》那部电影吗？是讲校园霸凌的。
娟　　　我看过《悲伤逆流成河》，也是差不多的，但是没看过那部。

陈瑜　　你会有共鸣吗？
娟　　　我会很心疼遇到这些事情的人。我知道我自己也遇到过这些事情，但是看到这个剧里面的人，我还是会有点莫名的心疼。

陈瑜　其实你也是心疼自己?
娟　　有一点。

陈瑜　发生这些事情,对你来说有什么大的改变?
娟　　我觉得成长可能有些时候是顺风成长,也有些时候会是逆风成长。我遇到那些事情,完全都是为了以后有更好的我打基础。

陈瑜　你两次提到"更好的我",更好的你是什么样子的?
娟　　我觉得我现在想努力好好学习,以后我也会长大,我也会结婚生子,到时候我可以不让我的孩子遇到和我一样的这种事。然后我再遇到这种事的时候,会比现在更理智,也不会在情绪上头的时候做出很多伤害自己的事情。我就觉得这可能是我心里面"更好的我"。
　　　可能我以后的打算或者规划并不会止于此,但还是会觉得我今天会比昨天好,生活可能会比较平淡,但会很舒心。

陈瑜　娟儿,你的职业理想是什么?
娟　　我一直都特别想当老师,这个理想从小学开始就一直放在我心里面,就一直很坚定,一直没有变过。

陈瑜　为什么想当老师?
娟　　我特别喜欢站在讲台上的那种感觉,完全是因为我小学的时候,有个老师上课特别喜欢让学生上去讲,她坐在下面听。当时这个老师会经常喊我上去讲,然后我就发现有一些我懂的、同学不懂的地方,我可以站在讲台上以不同的方式讲给他们听，感觉这个时候我全身都在发光！从那个时候开始，我就特别想当老师。

陈瑜　真好！

采访手记

面对霸凌，
谁都不要沉默

联合国教科文组织近几年发布的报告显示，各国普遍存在校园霸凌现象，每年约有2.46亿学生遭受霸凌，这意味着每3个学生就有一个曾遭霸凌。值得注意的是，霸凌行为在中学生群体中发生频率最高。

娟的案例清晰地表明，校园霸凌同样是学生厌学的一大原因。很多孩子不愿去学校，并非由于学业出了什么问题，而是因为在学校被恶意欺负和侮辱，包括肢体欺凌、言语欺凌、性欺凌、关系欺凌和网络欺凌，而且这种欺凌通常会针对特定对象，采用各种手段并反复发生。

我采访过不少长期遭受校园霸凌的学生，无一例外，他们都曾向父母发出过求助信号，有些是直说，有些是暗示。同样无一例外，父母跟商量好了似的，都让孩子从自己身上找问题："你是不是做了啥不对的事？""那么多人，为什么只欺负你呀？""你管好自己，别去惹人家不就行了？"……这种回复，对孩子无异于二度伤害。

深陷屈辱和凶险，孩子最需要的是什么？是有人给他撑腰！所以，真正疼爱孩子的父母，请认真研究一下霸凌的定义，对照孩子的现实处境和身心状态，该维护孩子的时候一定要第一时间挺身而出，这是制止霸凌最快速、最有力的行动。

如果要从整体出发去预防和根除校园霸凌，责任在学校管理者和老师，这关系到我们为学生营造一个怎样的校园环境和班级氛围。许多被访学生对此的期待是公平、友爱、互助，公平排在第一。当有任何不公平发生时，校方不要偏袒，不要和稀泥，要在论清是非曲直的基础上毫不含糊地裁决和惩治。

你希望霸凌者得到怎样的处罚？这个问题抛给被霸凌的孩子，他们都想要一个道歉，不是敷衍的、应付的、走过场的道歉，而是霸凌者真正意识到自己对他人造成的伤害之后，给出的真诚的道歉。

这不仅是在处理霸凌者与被霸凌者的单一事件，而且是在教导所有学生扬善弃恶。在一个公平、友爱、互助的教育生态中，霸凌的围观者不会为了保全自己而集体沉默。当对正义抱持某种信念时，孩子们就会有勇气大声地喊出："住手！住口！你不可以这样对待他！"

10
"我考20多分,他们嘲讽我,拿着我的卷子给全班同学看……"

路过人间／女生／休学在家8年／北京

概述:因为成绩垫底,从小被轻视、被排挤、被欺负,直至有一天崩溃了,彻底告别学校。

路过人间在我们公众号"少年大不同"一篇文章的评论区，留下一段文字："'你的孩子现在就是这种情况，你接受她吗？'这句话是医生问我妈妈的，而我这辈子也忘不了……"

寥寥几句话，让我挺受触动的，我想知道她的故事，于是想办法联系上了她。

"我曾经也以为我可能活不了太久，因为我很悲观，但又舍不得离开还爱我的人。就这么坚持下去吧，今年过了8月，我就22岁了……"

路过人间在初中时被诊断为广泛性发育障碍，此后休学在家，至今8年。她说："活着本身，就是一场胜利。"

如果有一部时光机可以载着我去到她初中的那间教室，我一定要拍着桌子骂那些欺负她的同学和轻视她的老师：一个成绩不好的学生，就不配得到尊严吗?!同样，我要问问不接纳孩子的家长：一个成绩不好的孩子，就不配得到爱吗?!

在整理这篇访谈时，我又把她写的随笔通读了一遍，正如语文老师的评价，"满是真情实感"。征得她的同意，分享在文末……

- 1 -

路过人间 我从小就不太爱学习，一写作业就犯困，头疼似的那种，就不想写。三四年级以后，难度太高了，我也学不懂，考试都是不及格。

四五年级的时候，班主任给我介绍了一个数学老师补课，就是去老师家里补习。我爸也看过我上课，他现在回忆起来还会说，你看着挺痛苦的。老师讲，我就在那儿坐着听着，但是心已经飞到别的地儿了，根本就没听，所以补了半天最后还是不及格。我记得小学毕业的时候，数学是50多分，参加补考才毕业的。

上初中换了环境特别不适应，小学那些认识的人都去别的学校了，所以比较焦虑。

我记得刚开学第一天，老师让列队，我跟后边的同学说话，班主任发现了。其实很多同学都在说话，但是逮着我了，她就罚我跑圈。从那以后我就比较恨她，后来就跟她对着干。

进了初中，学习成绩越来越差，除了语文还凑合能及格，数理化后来都考过十几分。全科平均下来的话,在班里算是垫底。

全年级是按排名坐的,第一名就坐第一个教室第一个座位。我被分在了六班,我们年级有七个班。

陈瑜　　你们分教室的方式这么残酷!

路过人间　我语文考得还不错,要是语文也十几分的话,绝对就在七班了。然后别的科目,数学不好,英语不好,其他的什么都不好,就是瞎蒙还能蒙对几道,瞎写几道。

初一下学期,班里男生好多都欺负我,因为我学习不好,不合群。

刚开始,数学考试成绩下来,一个个往后传卷子。前面男同学看见我考20多分,就嘲讽我,拿着我的卷子给全班同学看,我抢也抢不过来,他们就变本加厉地欺负我。我记得我放了学回去以后,第二天再来上学,我的课桌里全是他们扔的垃圾,饮料瓶、鼻涕纸什么的。

初二的时候,有一次我记得很清楚,自习课上老师在讲台前看着,然后出去了一趟,让我们自己待着。那些男生就老拿激光笔照我,还把鼻涕纸从远处扔过来。别的同学都是写自己的,也不愿意管这事。

他们欺负我最厉害那次,我有点受不了了,下一堂语文课就没上,躲在卫生间里边自己哭去了。

陈瑜　　他们这么对你,你是什么感受?

路过人间　我很崩溃。后来语文老师发现少一个人,听说了以后来卫生间找我,劝我出来,安慰我说:"有什么事咱们出来说好吗?"然后慢慢地,我就把门开了条缝隙,老师用手拉我出来,我就特别小声地说了声"谢谢"。然后老师拉着我走了几步,大约到卫生间洗手台那里,一把抱住我,轻抚我的后背说"没事,没事"。

我当时很惊讶、很感动,但同时脑子也一片空白。

我的一个同学就在旁边,目睹了发生的一切。后来她告诉我,当时语文老师哭了,因为她看到老师眼圈红了,鼻头也红了,还看到老师偷偷在擦眼泪。当时老师抱我抱得很突然,我也很不知所措,所以都没注意到老师哭了,事后听这位女同学说才知道。

自打那次以后,我更喜欢我们语文老师了。我以前就挺喜欢语文老师的,因为我就语文稍微好一点,也觉得她的课很有意思。再加上那次发生的事情,我更觉得语文老师是一位很好的老师,跟我以前包括当时所接触过的老师都不一样,她很关心我的心理和情绪。

我记得老师还在班里念过几次我写的作文,还时常鼓励我。另一个作文写得很好的女同学告诉我,语文老师曾经和别的老师说过,我们班的话最喜欢我们两个的作文,喜欢那个同学的作文是因为她非常认真地对待每一篇作文,而喜欢我的是因为我写的每一篇都很有真情实感。

陈瑜 这老师真好,在你最难的时候给了你很多温暖。你在讲述老师来卫生间找你时,每一个细节都记得清清楚楚,可见这件事情对你而言有多重要。我也能感受到这样的一种情意。

路过人间　　这老师对我还是挺好的,我现在也有她微信,逢年过节给她发一些祝福什么的。她也会回我,说祝我每天开心。但是其他老师全都不喜欢我。我记得我的语文有一次期末还是期中考试考了88分,班里边算前五六名,就听到别的老师私下说,我是不是抄的。

陈　瑜　　这太打击人了。
路过人间　　别的老师不太理解语文老师为什么对我那么好,就说这种孩子你管她干吗,家长事也多什么的。

- 2 -

陈　瑜　　被同学欺负这事,你之前有跟班主任反映吗?或者跟爸爸妈妈说过吗?
路过人间　　我从来没跟老师说过,跟我爸妈说,我妈就说"他欺负你,躲他远点",或者是"你跟老师反映"。那时候我跟我爸关系也不太好,因为我不爱学习,我爸说着说着就急了,可能是气话,就说"他为什么只欺负你一个人,班里那么多女同学,为什么就逮着你一个人欺负",说"你看按道理,你是不是应该从自身找找问题"。

陈　瑜　　家长在这个时候说这种话,特别伤人。
路过人间　　当时发生躲厕所的事后,我爸妈就知道了,就不干了,去找老师,就跟老师很强烈地反映。

当时我们换班主任了，是一个男物理老师。老师先安抚我爸妈，我听别的同学说，老师接着把那几个男生叫过来，跟他们说："你们还欺负她，事情闹大了，人家家长都找来了，你们老实点！"就这么说了一下那些男同学，有种改不改不赖他了那种感觉。

陈瑜　　你爸妈去了之后，你的处境好一点吗？

路过人间　没有，我爸妈找完他们以后，他们还是对我不太友好，虽然不敢明面上欺负我了，但就是那种成心躲着我走，还说我精神有问题，说"咱们别招她，一会儿她一哭，她爸妈又来了"，就是这么说。

再加上老师也是那种态度，除了语文老师，其他老师都是事不关己的态度。

陈瑜　　真是太难了！那个时候有其他同学站出来为你说话吗？

路过人间　基本上没有。我在初中有两个关系还不错的同学，她们也没站出来为我说话，不过会安慰我。

陈瑜　　你在初中学习跟不上，又被同学欺负，所以对你来说每天去学校应该挺难的。

路过人间　对，非常痛苦，天天很难熬，很煎熬。上课我也不听，就在那儿趴着，一节课一节课地熬。我特别不喜欢数学，在初中那阵，堂堂课睡觉也睡不着，然后老师默许我带点课外书自己在那儿看，只要不影响其他同学就行。

我就在那阵看了很多我喜欢的书，路遥写的《平凡的

三、学校关系　229

世界》、麦家写的《人生海海》、莫言写的《晚熟的人》，这些都看过，然后一些外国的也看，《月亮与六便士》，毛姆写的。

我英语也不及格，因为我就是不喜欢背单词，后来补英语倒是比补数学有成效，补到及格了，但也不太理想。

初中以后，我几乎对所有老师都不喜欢，他们也不喜欢我。我就对语文老师挺亲的，她布置的作业，那些文言文什么的，我都背得还挺好的，努力背基本都能背下来。然后她也挺喜欢我的，能看到我的努力。我就语文课认真听，认真交作业，其他作业我都不交。

陈瑜 其实，一个老师真正地去关心一个孩子的话，这个孩子就会有意愿把这门学科给学好。

路过人间 语文老师就曾经在开家长会的时候跟我爸说："我要是教她所有科就好了，孩子其他科不能那么差。"

陈瑜 这话特别感动，这老师真好！

路过人间 后来我跟我班里的一个朋友吵了一架，关系慢慢不太好了，然后觉得在学校也没有朋友了。

初二大概是下学期刚开学后就去了几天，后边断断续续去，后来有一天就决定不再去了。

刚开始家里人，姥姥、姥爷、爷爷、奶奶，各种亲戚还是不太赞成，就说这么小的孩子不读书怎么办。那时候我爸妈还是挺着急的。

路过人间　当时还有一件事让我不想去上学。我跟我爸关系特别不好，会因为一些小事着急，我就找他闹，然后一直哭。他跟我好好说，我也不理他，就自己哭。他后来就急了，说："你跟我说话、跟我交流行不行？"但我还是不跟他说，有时候急了，他就会打我。

家里人就出招说："你把她先搁姥姥家，让她姥姥、姥爷看她，你就别见她，就跟她保持距离。"

然后我爸就把我搁姥姥家搁了一个月。一个月他不给我打电话，我也不理他，也没发过微信。那时候我就特别绝望了，特别崩溃，特别恨他，我觉得我爸是不是不要我了。

当时我想过离家出走，但是我们语文老师后来知道了。她跟别的同学要了我的电话，给我打电话，把我叫到一个咖啡厅里边，给我点了杯牛奶，然后跟我聊了很多，算是把我安抚了下来。

那天晚上，她就给我爸打电话，跟我爸也聊了很多，就说"你不能把孩子真的扔在姥姥家就不管了，她多绝望"，然后说他的教育方式方法也需要改变。我爸说："我从来没想过说不要她了，就是想让她在姥姥家冷静冷静，改改身上的毛病。"后来他就把我接回家了，但我们还是会有冲突。

经过这么多年看病，现在我爸也知道他那么做不太对、不太好。我初中以后，就一直在家没上学，后来他就不怎么打我了，跟我关系缓和了很多，现在都是他带我去看病。因为都是第一次做父母，他也慢慢地知道改，只要他知道改，我还是挺感动的。

我爸不那样对我了，但我有时候还是会做噩梦，梦见他打我什么的。

陈瑜 当时你妈是什么态度？

路过人间 跟家里其他人一样，就说"你就别见她，躲着她，先晾她一个月，慢慢地她自己知道错了，就能好点"。

我和我妈关系一直都一般，现在也不太好。我妈不太会教育孩子，我记得我小时候胃疼，吐了一床。我爸就说："先把孩子抱下来。"当时我还很小，也就三四岁、四五岁，我妈就冲我吼："你不能走下来再吐吗？你吐地上啊，你吐这么一床！"然后我爸就说："你别吼孩子了，她已经很难受了，她难受得忍不住才会吐一床。"

我妈就会说我，什么事都先对我发火。

现在我跟她的关系还是不太好，因为她每天下班回来爱找碴儿，找我爸碴儿，找我碴儿，就说这儿没收拾好什么的。然后她每天回来都抱怨单位的事，抱怨自己很累、很辛苦。

- 4 -

路过人间 后来我爸一个朋友的媳妇，也是搞心理咨询这方面的，劝我爸妈说："带孩子看看去，读不读书都无所谓，她健康地活着也行，人就一辈子。"

当时有会诊,很多个医生跟我聊,然后把家长也叫进来。我当时应该十五六岁,确诊为"广泛性发育障碍"。不是那种孤独症,但是沾一点点边,还有跟抑郁、焦虑也沾点边,算是归到这类。吃的药大都是抗抑郁、抗焦虑的。当时主任医师(后简称主任)建议我们多去做家庭治疗,推荐了另一个很有名的做家庭治疗的主任。很难约的,排了半年才约到一次,总共去了三四次。

有一次,我妈上那儿去告我的状,就说我不好、不懂事,还说我爸惯着我,希望我们俩改。然后主任就说:"你说了这么多,我问你一句话,你看现在孩子她就是这样,你接受她吗?"然后我妈就一下被问蒙了,她就不回答,缓过来以后继续告状,就说"你得好好劝劝,关键让她改",然后就一直说,后来主任也很崩溃。

主任最后就说:"你看你丈夫挺明白事理的,也改变那么多,现在也知道怎么教育孩子。教育孩子方面,你就听你丈夫的不就得了吗?"然后她就很不同意,说他教育得不对,说他惯着我,还说我爸好多毛病,总体来说就是告状。主任觉得聊不下去了,然后我们就回来了。

后来我妈就坚决不去找主任,因为做家庭治疗费用挺高的,她就借这理由不想去了。后来我爸说:"那咱俩去有什么意义吗?是家庭治疗啊。"

现在我爸说:"妈妈50岁了,改起来也很难了。你今后人生还很长,你现在大了,她说什么,你可以选择不听她的。别跟她起冲突,江山易改、本性难移,她也改不了了,她很难再改了。"

陈瑜	你觉得为什么爸爸能改，妈妈不能改？
路过人间	因为我爸以前觉得我是成心的，故意不去上学，成心闹，找他哭，他觉得是因为欠管教。但是，后来医生跟他说，可能不是这样的，说很多孩子都有这些问题。然后去医院看，他也遇到各种各样的孩子，小的两三岁，然后十几岁、二十几岁、三十几岁，甚至老人也有去看的。慢慢地，我爸也知道了，可能我不是成心或有意地老是哭闹，他就选择去改变。
	当时主任问："你接受她吗？"我爸也很震撼，回来以后想了很久，就说"我选择接受她"。但是我妈一直不接受我，她到现在还是说："为什么我的孩子会这样？为什么她总是这样？"我爸说："她在吃药，你得多理解她。"但是我妈还是选择不接受。
陈瑜	你妈对你有什么期待？
路过人间	期待我像别的孩子一样出去上班什么的。家里人刚开始也是期待，现在既然不上学了，就找个工作吧。现在家里人有的还是不理解，有的理解了。
陈瑜	医生问你妈能不能接受你的时候，你在旁边听着是什么感受？
路过人间	我在旁边听了，也觉得一下子挺突然的，因为主任打断我妈的话，然后就说"你说了这么多，我问你一句话"，然后他就问了，我也挺那啥的。
陈瑜	你有没有觉得这句话其实也是你想问爸妈的？

路过人间	有，但是我没有问过，也不知道怎么问，不过主任替我问他们了。
陈瑜	你是不是内心也会觉得挺伤感的，或者又会觉得好像挺戳到心里的？
路过人间	对，有。

- 5 -

陈瑜	从初二开始你没再去学校，在家的时间基本上在干什么？
路过人间	一个星期会去姥姥家两趟，然后去爷爷奶奶家两趟，剩下时间在家里。
陈瑜	从初二开始一直到现在，都是这样的？
路过人间	对。周四主任在的话，会挂他的号。但是现在我已经满18岁了，就不能老找人家，一年找个两到三次，其他的时候看成人门诊。医生会问问我最近的状况，吃药有没有不舒服，或者是情绪低落的时候有没有很冲动什么的。
陈瑜	你上次给我留言的时候说，情绪低落的时候会很悲观？
路过人间	主要是我妈我爸因为教育有分歧，老吵，我妈又爱找碴儿，俩人老争执。看到我妈那样，我这辈子都不想结婚，然后看到我自己这样，我也不想要孩子。你要孩子干什么？你没有把握把他教育得特别好，

三、学校关系　235

或者是把他带得很好,让他身心健康,你为什么选择要孩子?

陈瑜　你曾经以为自己可能活不了太久,这是什么时候的想法?

路过人间　不上学以后,看一个纪录片,讲我们如何对抗抑郁,里面有一个女孩也是二三十岁,她就说:"我甚至觉得自己不用活太久,我只希望我每天都是开心快乐的。"

陈瑜　这也是你的想法?

路过人间　不能说完全是我的想法,但是当时我觉得自己可能活不了太久,因为情绪比较不好,觉得她说的那句话也挺震撼的。活太久也没什么好的,但是起码我爸我妈在,我得活着,不能让他们白发人送黑发人,那种感觉就很不好。

陈瑜　为他们考虑,怕他们伤心?

路过人间　对,因为我爸我妈还是挺爱我的,虽然我妈的方法不太好,然后不太接受我爸很关心我。

我爸那个朋友的媳妇我也有她微信,有时候情绪不好的时候会找她聊聊,或者我平时写一些什么都会发给她。她说我文笔挺好的,会鼓励我。她就跟我家里人一样,我也舍不得她。

陈瑜　你的语文老师、你爸朋友的媳妇,这些没有血缘关系的人,都会真心地关心你。真好!

路过人间　是的,我很感谢她们。

-6-

陈瑜　你曾经想过要改变一下吗?

路过人间　也想过,中间也出去打过工。17岁左右,我去找了个冰激凌店,逛街看到招聘信息,抱着试一试的心态去尝试了一下。

陈瑜　爸妈知道你要去打工,是不是很开心?

路过人间　是,但是我爸爸跟我说:"如果不行的话,也没关系,你的身后永远有爸爸为你托底。"我妈妈就很开心,因为我能够自己挣钱了。
但是我感觉很痛苦。我觉得我可能不太适应这份工作,就是往那儿站着,不爱跟人交流。让我去推销产品,我也不跟客人说什么,然后人家觉得跟我沟通不太顺畅。去了几天就没再去了。最近也尝试过其他工作,但是都感觉不太好,就没再去了。

陈瑜　爸妈会失望吗?

路过人间　我爸爸还好,我妈妈也没说什么,但还是想让我继续工作。

陈瑜　你之后还会继续找工作吗?

路过人间　不知道,也许不会。以后还要多看书、多写文字,因为我喜欢。

陈瑜　有没有可能在家时间长了,出去跟陌生人打交道,

|||就会变得更难一点？

路过人间　我觉得可能有。其实我五六岁的时候见到生人，就不跟人说话，躲我爸妈后边，人家问我什么，我也不跟人说，就噘着个嘴，冷着个脸，也不爱跟别的小朋友玩。

从小我就不太善于跟别人打交道，比如拜年的时候，我姐姐、哥哥都会跟我爷爷奶奶说拜年祝福什么的，很熟络、很轻松，会想出很多好的词，惹得家里人特别喜欢。然后到我，我就很尴尬，不知道怎么说，就说"新年快乐，身体健康"，永远就是这些词。

现在的话，可能在家待久了，出去变得更难，都有原因。

陈瑜　　随着一年一年过去，你心里会着急吗？
路过人间　有时候也会，我情绪低落的时候会觉得很难受，觉得自己很糟糕，还觉得对不起我爸爸。

陈瑜　　为什么你会觉得对不起你爸？
路过人间　因为我爸对我挺好的，我就觉得自己辜负他了。

陈瑜　　怎样做才叫不辜负？
路过人间　跟其他人走一样的路，像其他正常人那样结婚、生孩子，但是我觉得我做不到。

陈瑜　　我反过来问你，你接受自己吗？
路过人间　可能还是不太接受。

陈瑜　　　为什么？既然爸爸都能接受你。

路过人间　因为我觉得自己挺糟糕的。曾经我也有过梦想，因为我爷爷在部队干了30年，我小时候最先学会的就是唱国歌、唱军歌，照片都是背着一把玩具枪然后敬礼这种的。如果继续读完初中、高中的话，我最想做的事是去当兵，但是首先初中没毕业肯定当不了，还有部队肯定也不要有心理疾病的，所以现在肯定不行。

陈瑜　　　当兵这个梦想咱们没办法达成的话，有什么其他新的可能吗？

路过人间　我们家条件一般，爸妈都是普通的工人，攒够一年的钱，我爸会带我出去旅行。我这些年走过很多地方，很期盼每次的旅行。

我最想去的地方还是西藏，因为我觉得西藏很神圣，那边的雪山也都非常让人震撼，我特别喜欢自然风光。

陈瑜　　　每年的旅行是你期盼的？

路过人间　对。

陈瑜　　　其他的日子会有一种无聊的感觉吗？

路过人间　偶尔也会有，感觉在家不知道干什么，情绪不好的时候会感觉很难受，其他时候在家里还好。

刚开始自己一个人还不适应，因为我爸妈都得上班，现在还好，会看看电影，看看电视剧，然后读书，也会出去帮家里买点菜什么的。

三、学校关系　239

陈瑜	对于现在的生活,如果满意度满分是10分的话,你打几分?
路过人间	6分。
陈瑜	4分缺在哪儿?
路过人间	缺在和妈妈的关系上,还有其他亲戚有时候还是不太理解,就说老在家待着不太好,还有我觉得自己没有梦想。就缺在这些方面。
陈瑜	有很多家长,可能也是你妈妈最大的担忧,怕孩子未来要"啃老",得靠家长的工资来养活自己。你怎么看这个事?
路过人间	我也不知道,我妈也有这种担忧,我爸以前也有这种担忧,但是我爸现在觉得还是顺其自然。
陈瑜	你会有这种担忧吗?比如说有一天爸爸妈妈不在了,咱们靠什么生活?
路过人间	我也会有,但是我也不知道该怎么办,只能先这样。我还是挺惧怕的,不想跟人去打交道。

- 7 -

陈瑜	给我一个化名吧,咱们文章发布时用。
路过人间	就叫"路过人间"吧。

陈瑜	为什么想用这个名字?
路过人间	有一首歌叫《路过人间》,每个人都活一次,路过人间。

陈瑜	你觉得我们都是过客吗?
路过人间	经过这一生,就是路过人间,有的人会说人间很值得,但我觉得来人间一次还挺好,下辈子我是不想来了。

陈瑜	既然来人间一次挺好的,为什么下辈子不想来了?
路过人间	人活着很辛苦,有很多很多的悲欢离合或者生离死别。我觉得我是不想再来了,下辈子做只猫或者狗,被宠爱一生也挺好的……

路过人间的随笔

写给爸爸：

爸爸，今天是你的生日，生日快乐，你辛苦了，爸爸，我爱你！

以前你想更懂我，可是我们都用错了言语和表情。你不止一次告诉我，就算我什么都没有了，我还有爸爸，就算所有人都离我而去，我还有爸爸。我很后悔，以前年少自闭的我，对最爱我的人，紧闭了心门。谢谢你为我所做的一切，不只是爱我，还有教会我如何做人，明辨是非。

爸爸，你说我是个善良正直的好孩子，但我觉得我不是个乖女儿。我从小在学校给你惹了不少麻烦，老师没少"请"你去学校，说我在学校如何另类。我学习成绩一直很不好，不招老师同学喜欢，在学校一直也没什么朋友，不会讨好老师同学，但我并不后悔，如果让我重新选择，我还是会选择正直，有些事我就是不会弯腰！

有时我会想，如果你和妈妈没有我，是不是会过得很好，但你坚定地告诉我："不会！爸爸妈妈都很爱你，妈妈脾气不好，但我们从不后悔有了你！"那一刻，我忍不住哭了："可是爸爸，我从未让你们骄傲过……"你打断我，认真地对我说："你就是我们的骄傲！"

关于人生：

也许，只有最亲的人才会记得这些。我想，在我出生之前，家人们对我也有很高的期望吧。可是我没有成为一个多么优秀的人，我没有多么远大的志向，学生时代的我没有得到过一朵小红花，也没有让爸妈在开完家长会后，像别的同学家长那样满心欢喜、心花怒放。我没有成为家里的骄傲……也许永远都不会。是啊，我就是个普普通通的人，甚至是他人眼中有些做事古怪、性格孤僻、内心敏感的一个人。

每个新生命诞生时，家人都会有期许，可并不是每个人都能站在舞台中央。变成大人以后，你还喜欢自己吗？对不起了小姑娘，让你一直生活在自卑敏感的坏情绪里，让你流过那么多泪，走错了很多路……这是你小时候期待的长大吗？

关于心理：

在中国，还是有很多很多人不了解心理方面的疾病。他们不但不理解，还时常会说："生活多美好啊，你爸妈把你生下来容易吗？你有什么理由要死要活的？你这就是在'作'！就是太自私了！"可你们好好想想，没有人想得这种病，谁愿意天天大把大把地吃药？谁愿意在夜晚的时候，枕头上都是眼泪？又有谁愿意自己渐渐地、渐渐地成为一座孤岛？现实是残酷的，有可能你用尽了一生努力和它做斗争，依然还是赢少输多，可这就是人生。每个人的命运不一样，经历的也不同，如果你没有做到真正的感同身受，又为什么要去指责他是"作"呢？你要明白，生病的人不是你……

三、学校关系

采访手记

给有学习困难的孩子双倍的爱

每个班总有成绩垫底的孩子,如果刚上小学就经常考不及格,那么有很大的可能,这孩子有学习困难,如读写计算障碍、注意缺陷多动障碍、广泛性发育障碍等。

单以读写障碍为例,在学龄儿童中的比例高达5%~8%。如果以50人为一个班级来计算,那意味着一个班上至少有两个孩子会无法正常阅读和正确书写。而中国人口基数庞大,任何比例乘以相应的人口总数,动不动就是千万级规模,所以,我们身边每天背着书包上学、放学的学生里:

有2000多万的孩子有读写计算方面的困难;

有2000多万的孩子有注意力缺陷和多动方面的问题;

还有众多孩子存在智力方面的弱势;

……

因为有各种先天脑部发育方面的问题,所以他们很难跟上同龄人的学习进度。

你可能会说:"哪有这么严重,我们读书那会儿,好像从来都没听说过。"你的感受没错,可是要知道今非昔比,今天孩子面临的学业压力和激烈竞争,跟我们当年不可同日而语。在"剧场效应"裹挟着所有人集体"内卷"时,这些孩子的问题就会凸显出来。

如果我们家长和老师对此没有必备的知识,没有及早启动专业的诊断和治疗,那么"被误解、被贬低"可能会贯穿这些孩子的成长历程。

起初因为学业表现不好,不断得到负面反馈和评价,从"上课不专心、功课做不完、测验考试倒数"逐步上升到人格层面,"笨、懒惰、不求上进、品质不好"。**长期得不到认可,孩子的厌学情绪就会与日俱增**。更要命的是,班主任和任课老师对这类学生的轻视,还会严重影响同学关系,他们常常被其他学生排挤、孤立、霸凌,进而显得越发不合群。

年复一年,这样巨大的心理伤害,会让学习困难的孩子对自我产生全面的怀疑:"我读书很烂,人也很烂,我没有朋友,也没有将来。"令人痛心的是,他们一路熬到初中,在青春期阶段,如果处境依然没有得到改善,那患焦虑症、抑郁症等心理疾病的概率则要比同龄人高很多,也更可能因为再也熬不下去,申请休学甚至彻底退学。

无解了吗?当然不是!路过人间的故事明明白白地给出了答案,她需要爸爸这般的理解和接纳,她需要语文老师这般的鼓励和欣赏,她需要这个世界——爱她!如果可以,请给这些孩子双倍的爱!

"我要是教她所有科就好了,孩子其他科不能那么差。"路过人间的语文老师说这话,表明她是真正懂教育的老师。这位老师有一种尤为稀缺的"超能力",就是能把她的学科教得让人喜欢、学得卖力。凭什么?就凭她心里装着学生,学生跟她很亲很亲。

爱,是最动人的学习动力。

三、学校关系

11
"上学让我有压迫感，走进教室就感觉噩梦要开始了……"

小卓／女生／初一／浙江

概述：老师的过度严厉和在同学中的格格不入，让上学这件事变得无法忍受。

小卓的班上原来40人出头，不到2年，转走了4个同学，另有2个抑郁休学，还有1个期中考试没有参加。而小卓，现在也没去上学。

让小卓不愿去上学的因素很多，有老师教学的原因，有同学关系的原因，学校的门她越来越踏不进去……

-1-

陈瑜　最近没有去上学是吗？
小卓　是的，可能是我自己的一些原因，想到学校的一些事情就会比较害怕。

陈瑜　什么事情让你害怕？
小卓　比如说老师或者一些同学。

陈瑜　我们先说说老师。
小卓　主要是我们英语老师和班主任。我们英语老师虽然是英语组组长，但是我们都不太喜欢她，因为她总是用那种阴阳怪气的语气跟我们说话，就感觉自己都是对的，好像眼睛里容不得脏东西。

陈瑜　你能给我举个例子吗？
小卓　比如有次上课，我一直低着头，突然太阳穴好像挨了什么东西，是粉笔头砸的，脑子有点晕，后面才反应过来。英语老师指着我这个方向说了一句:"你发什么神经!"我在想我好像没做什么,就转头看我后面那个女生,才知道可能说的是她。当时反正挺蒙的,那个女生下课以后说自己也没做什么事情,她莫名其妙被英语老师课上说了一句,砸的还是我。

陈瑜　这件事对你产生了什么影响?
小卓　我对英语老师的印象变差了,很莫名其妙,也没跟我说一句抱歉。她之前好像也误伤过其他同学,也从来没说过一句抱歉,不太礼貌。
　　　还有一件事情。我们班有个同学,之前上课吃辣条没被发现,但是喝水的时候被英语老师看见,老师直接把水杯丢出去了。杯盖还是开着的,就直接扔出去了,扔到走廊上。挺莫名其妙的,导致我上英语课一直不敢喝水。

陈瑜　是不是觉得有点小题大做、不至于这么做吧?
小卓　对,确实有点。

陈瑜　英语老师让你觉得她好像非常严厉,上她的课你是不是会觉得还蛮紧张的?
小卓　上她的课有点紧张。

陈瑜　不过我发现,你刚提到的两件事,英语老师扔粉笔头、扔水杯,说起来都不是针对你,你也会很受影响吗?
小卓　很有压迫感。外人看上去,可能她就只是个在上课的普通老师,但在我们眼里,只要干扰到她,她可能会直接发作。
　　　我之前看到一款游戏,答错10道题,画面就会变得很恐怖。

石头剪刀布输了的话，还会被砍掉手、挖掉眼睛。反正她给我的就是这种感觉，很恐怖。

陈瑜 你对英语老师是这种感受，那其他同学呢？
小卓 厌恶，有些胆大一点的在她后面竖中指。

陈瑜 同学们对她都比较反感，会让你觉得挺被认同，情绪会有一些缓解吗？
小卓 不会，我觉得我可能会更胆小一点。

陈瑜 你会更胆小？为什么？
小卓 怎么说呢，大家都是一种厌恶的反应，但是我觉得我是害怕，不一样，反而会觉得我胆子有点小。

陈瑜 你小时候有没有什么类似的情境或者类似的人让你有相同的感受，觉得很恐惧？
小卓 不是人为原因，我小时候被狗咬，有这种恐惧的感觉，当时等了好一会儿才去医院的。

陈瑜 被狗咬的恐惧和英语老师给你的恐惧，你觉得挺相似？
小卓 嗯。

- 2 -

陈瑜 你具体恐惧什么？

小卓 担心到时候会被区别对待之类的。

陈瑜 区别对待是什么意思？
小卓 比如有个同学，老师对他更凶、更严厉，喜欢抓他小错误。

陈瑜 被区别对待之后会很惨吗？
小卓 好像惨倒不是很惨，只是我会有种很怪的同情感。

陈瑜 你从小到大有被区别对待过的经历吗？
小卓 我记忆中有，但是具体说好像真说不清。

陈瑜 区别对待对你来说意味着什么呢？
小卓 因为我们班主任好像喜欢禁锢思想，控制欲有点强，会强迫大家这么想。我就怕万一被区别对待后，老师可能会让大家都去讨厌这个同学。

陈瑜 你们班主任有做过类似的事情吗？让全班同学去排挤一个同学。
小卓 就是说你别去靠近他，不要跟他做朋友，这种话是说过的。我们班有2个因患抑郁症休学的同学，其中一个男生不在的时候，班主任就跟我们这么说："他这个人心理很脆弱的，你们不要去跟他交朋友。"
感觉班主任的思想就很有强迫性，一定要求你去做某件事情。比如课外练习，看上去不太重要而且难度很大的，一开始说你们选做就行了，后面就说一定要做，不做就不是我们这个班的。

我们英语成绩是全年级最差的，我们班主任经常拿这个来当一个把柄骂我们。我们班有个同学英语成绩特别特别差，班主任就说"你肯定考不上高中了"，还好几次当众批评。我们这个校区有一些对口小学直升上来的，刻板印象中他们比我们这些靠履历进来的成绩稍微差一点，老师就会用这种刻板印象骂这些学生。

陈瑜 跟英语老师相比，班主任给你带来什么影响？

小卓 英语老师带来的就全是负面的恐惧，班主任带来的更多是那种紧张感，然后还有一种压迫感。

陈瑜 你每天去学校走进班里的时候，是什么样的心态？

小卓 噩梦要开始的感觉。

- 3 -

陈瑜 刚才你还提到，同学关系好像也是你不想去学校的一个因素。同学关系又是什么样的情况？

小卓 有的同学会追星，我不喜欢。有的同学会玩一些烂梗，但我也听不懂，越听越烦。可能等到我了解这个梗的时候，我反而会更讨厌。

陈瑜 你说的烂梗是你们班级里的一些事情，还是网络上的一些梗？

小卓 都会有，更多是网络上的，比如一些歌很"洗脑"、很土，他们天天唱。

陈瑜　也就是说，同学们喜欢的很多东西你不喜欢，也不了解，不知道他们在说什么。

小卓　他们的语气，就像是说这玩意儿很潮的，你一定要去看。但实际上我真的不感兴趣，为什么一定要跟上大家的节奏呢？我也很讨厌开黄腔的，不知道他们为什么天天说这种东西。

陈瑜　你能给我举个例子吗？什么是七年级孩子说的黄腔？

小卓　比如我喜欢用那种打孔的有洞洞的纸，无聊的时候会拿笔去戳洞，然后他们就会问："哎，你在干什么呀？"我还没明白，后面男生提醒我他们在说黄色东西，我才明白。类似这种，很正常的行为，他们就是喜欢这么张口乱说。烦！

陈瑜　你在班里会有一种格格不入的感觉吗？

小卓　会有的，真的会有。

陈瑜　你小学的时候，遇到过类似的情况吗？

小卓　从五年级开始就感觉有点不对劲。基本上我们班已经有女生进入青春期了，男生也已经开始长高了，大家基本上都有微信、QQ，也会玩烂梗，甚至拿脏话去批判同学，反正矛盾会更多一点，谣言可能也会更多了，传谁喜欢谁，也有说哪个老师又去和哪个同学约会了。我的妈呀，恶心！

陈瑜　是不是五六年级以后的校园或者同学关系，让你觉得很复杂？

小卓　对，而且好像五六年级以后，就没什么朋友可以聊了，顶多能和几个跟我玩相同游戏的人聊聊，而且后面只能聊二次元，跟她们聊生活上面的事，她们都听不进去！

陈瑜　你跟她们聊生活上面的什么事情，她们听不进去？
小卓　比如说我爸妈又吵架了，她们都不理我，但一聊明星的八卦，她们就精神了！

-4-

陈瑜　一来老师让你很不舒服，二来同学也让你觉得合不来，都会对你去学校造成影响，是吗？
小卓　嗯。

陈瑜　你是从什么时候开始萌生不想去学校的念头的？
小卓　今年寒假之后，可能班主任要求更严厉了，就很有压迫感。这次暑假好像还要去补什么东西，反正就是那种提前上课，我就感觉很紧张。
　　　我耳朵后面长了一个包，动了个小手术，之后感觉整个人精神状态都不太好，有点虚脱。基本上迷迷糊糊，能过一天是一天。而且越想学校的事情就越觉得害怕，真的就不太想去了。
　　　手术只是一个过渡，其实我早就说我不想去学校。我妈说："如果你不去的话，你以后怎么办啊？"我也有点崩溃，情绪冲动的话感觉真的会跳楼。

陈瑜　什么样的事件让你都有些不想活了的感觉？

小卓　老师批评全班，还有在课堂上点名批评我，比如说"你再这样，以后高中就上不了了，你全部都废了"，还有"你这样还不如早点滚回家"，然后就有这种想法。

陈瑜　作为一个很担心被区别对待的孩子，当老师在全班同学面前点名说你，你是不是特别紧张？

小卓　就害怕。

陈瑜　你会回来跟爸爸妈妈说吗？

小卓　不肯说。

陈瑜　为什么？

小卓　我爸工作忙，跟我妈说，我妈可能反而还会骂我，就有点怕。再加上一回来就要写作业，写完可能就到晚上10:30或者11点了，没太多时间说。

陈瑜　虽然没有时间去跟他们说，但这些话在你心里边是在发酵的，对吧？

小卓　嗯。

陈瑜　其实你自己后来也没办法消化老师给你的压力。

小卓　是。

陈瑜　你不去上学了之后，有没有把这些事情跟你妈说过？

小卓　有。比如说到英语老师这件事，我跟我妈说了一遍，她说这确实很可恶，还问了一句："如果把这些事情解决，你还想回去上学吗？"我没回答，因为我没想好。

陈瑜 其实对于英语老师和班主任的紧张和害怕，也并非只有某件事需要去解决，是她们整个的教育理念，包括她们的教育方式，都给到你很强的压迫感。

小卓 嗯。

陈瑜 所以这个部分你有跟你妈妈说吗？

小卓 好像没有说这句话，但是差不多有这个意思。

陈瑜 你觉得妈妈体会到了吗？

小卓 可能没有。

陈瑜 你跟爸爸妈妈的关系怎么样？

小卓 我跟我爸之间感觉已经有一道鸿沟了，因为我爸跟我们班主任一样，确实有点守旧思想。我和妈妈的关系有点偏闺密的感觉，她也愿意安慰我、问我，虽然我确实不太敢说。

陈瑜 既然你跟她关系这么好，她也会安慰你，为什么还不敢说呢？

小卓 怕她真的告诉老师，她给我一种管不住嘴的感觉。

陈瑜 你会担心她把事情搞砸？

小卓 对。

三、学校关系　　257

陈瑜　她以前搞砸过事情吗？

小卓　她之前把我在网上画的一幅画发给老师，让我有点难堪。

陈瑜　那你在学校里不舒服、不自在，如果跟妈妈说了，她有可能给到你需要的支持，然后帮助你解决问题吗？

小卓　不会，她可能只会安慰我，不会解决问题。

陈瑜　对你来说，你需要什么样的帮助才能解决问题？

小卓　这个不太清楚，因为凭我自己应该想不到。

陈瑜　是不是依然没有头绪？

小卓　很迷茫。

陈瑜　妈妈肯定也会问你，你接下来想怎么办？

小卓　对，她会问，然后我就说不知道。

陈瑜　你需要一段时间去梳理各个方面综合性的问题？

小卓　我的确是需要的……

采访手记

孩子在学校的人际关系出了问题，我们可以从家庭入手

走进班级，就有"噩梦要开始的感觉"，父母不能理解这究竟是什么感觉，小卓把它一一描绘了出来。

紧张的师生关系和有隔阂的同学关系是导致孩子厌学的两大重要因素。 我没有看到全国范围大样本的调查数据，但从一线访谈和咨询的体感来说，这些因素的比重有越来越高的趋势。

一直以来，我们把师生关系比喻成园丁与花朵，可不知从何时开始，花朵对园丁产生了"厌恶"与"恐惧"。我在这里没有一丁点对教师这个职业的不敬，只是看到了太多师源性伤害给学生造成的创伤，激发了孩子们的心理反应。胆战心惊的不单是那个被老师当堂斥责的同学，还有身处这个压抑氛围里的其他每一个学生，他们躲过了老师的谩骂，但躲不过伤害。

如果在这样的班级里，还找不到能够建立友谊的朋友、进不了能够获得归属感的团体，那就"雪上加霜"了。"我为什么要去那个让我难过的地方？"这个问题在心头发酵起来，直到有一天，孩子们难过得再也不想去学校了。

小卓的爸爸妈妈跟很多厌学孩子的父母一样，只看到了结局，错过了过程。我每次问孩子们过程中为什么不寻求父母的帮助，孩子们的回答高度一致，之前的经验告诉他们，父母帮不上忙，不是焦虑得不行，就是把事情搞砸。

师生关系和同学关系方面的问题还真不好解决,不是孩子单方面努力就可以的。心理咨询时,我们常常需要回到关系里,看看矛盾的卡点在哪里、产生的原因是什么,以及是否可以建立新的互动模式。

其实外部人际关系是家庭亲子关系的外化:

孩子惧怕某一位老师,很可能那位老师身上的某一种特质跟父亲很像,而在家里,孩子从来都不敢靠近父亲;

孩子处不好"三人友谊",本来跟闺密很要好,来了个新朋友,就感觉自己被排除在外,反观三口之家的关系,的确也处于某种失衡状态;

…………

看到了吗?孩子在学校的人际关系出了问题,但我们可以从家庭入手,优化家庭成员关系,构筑新的沟通模式,让孩子能在家庭中习得人际交往的经验与方法,这会有助于他们在家庭之外的环境中从容应对。

这无疑是一个好消息,解决问题的主动权还是抓在我们自己的手里。

12
"我被班主任扇耳光,她不承认,还说我谎话连篇……"

> 小琳／男生／初三／湖南
>
> **概述**:和老师一而再、再而三地起冲突,面临二度休学的危机。

上课讲话、不认真听课、不好好完成作业、跟老师顶嘴……在班主任的叙述里,小琳是个屡教不改的"顽劣"学生。而小琳有自己的版本,他希望父母能够信任他,虽然他的讲述往往和老师们的"完全对不上"。

其实当我听说他从小就有多动症时,我几乎第一时间站到了他的阵营里。他坐不住那不是他的错,他控制不住自己,所以他需要加倍的理解。但当这样的理解不具备时,这个孩子的成长就会变得格外艰难,"你这个状态没有必要在班上读书了",很多老师会对他这么说。

可能大人们已经习惯了对他恶语相向,好像不守规矩的孩子就不会受伤似的,但其实这么多年来,他已经撑得很辛苦了。前不久,在最最绝望的时刻,他给妈妈写过一封求助信:

我是坚决相信每个孩子都是向好、向善的。在我们访谈开始前，小琳发给我好多背景资料以便我了解他。我询问可否登载他的信，他有些不好意思地说："那个字写得……要不我再抄一遍吧。"我笑着劝阻他："真不用了，原信更真实。"访谈结束后，我说我会抓紧把你的访谈整理出来，让你的家人能够更多地了解你。我访问了超过100个孩子，他是第一个问我："会不会很辛苦？"我心头一暖。

在小琳的故事里，你会看到，被看作"顽劣"的孩子，他那些看似无理的行为背后有太多的委屈，他希望能够得到多一点的理解和信任……

- 1 -

陈瑜　这一阵子没有去学校吗？

小琳　对，上周发生了那些事，然后就回来了。妈妈可能也受不了那些老师，受不了班主任，就把我带回来了。

陈瑜　上周发生了啥事？

小琳　班主任说我迟到，但是我那天没有迟到，她就硬说我迟到了，把我拽到教室外面去，在那儿讲我，又说让我别去读书了，说我这个状态没有必要在班上读书。我让她调监控，她就不调，说不需要调监控，她知道。后来她又说，要不要去班上投票，看我是不是一个上课不迟到、听老师话、不跟老师顶嘴、好好完成作业、上课好好听讲、不讲小话的好学生。我没说话，她就说我。

她跟我妈妈说，我一直在说"为什么"，但实际上我没有。她质问我为什么不上课之前上厕所，我说那个时候不想上厕所，后来她就让我把《中学生守则》抄一遍。我就这里说了一个"为什么"，加起来都不超过3次，她说我一直在说，说了不下于5次。

走廊有监控,她就把我拽到了没有监控的楼梯间扇我耳光。

陈瑜 啊,你当时是什么反应?

小琳 当时有点蒙,发现她扇了我,但她不承认,说她没扇,后来又拽我。她又说让我去医院看病,有什么事就去养伤,又说让我去教务处,让教务处处理,又说叫我爸妈过来。最后她问我:"这件事情是我们两个之间自己处理,还是交给学校,或是叫你父母过来?"当时我很生气,就说自己处理吧。

后来我妈知道这件事,问我为什么不告诉她。我想,我怎么敢告诉你?告诉你后,你又要骂我、又来说我,我怎么敢告诉你?因为平时有时候跟她讲,她并不会安慰我,只是说我,我不太想跟他们讲。

陈瑜 你在学校被老师扇了,换作我肯定又气愤又委屈,你是怎么消化情绪的?

小琳 就自己哭,拿美工刀去划。

星期五的时候,因为我讲话,班主任让我到教室后面去撑着(平板支撑)。然后她又去叫另一个同学到后面来撑,说"不是我让你过来的,是×××举报你的,说你上课睡觉",直接当着我的面这样讲。

当时我就挺无语的,就看着她说:"我说了吗?"她反问:"你没说吗?你在办公室说的。"我说:"我没有说!你这样子有意思吗?"然后她开始骂我:"你满口假话、谎话

三、学校关系

连篇。"我说着"我没有,我没说!"就站起来了,反正就跟她吵起来了。

然后我就想逃离这个地方,去厕所躲一下都好一些,可她拽着我,不让我出去,还在骂。我受不了了,就说:"别说了,你把我妈妈叫过来。你再这样说,我跳楼了。"她继续喊:"你拿跳楼来威胁我吗?"我想往外面走,把脚架在外面,要跳下去,她把我拽了回来。

后来我妈过来了,班主任把我的书全部拿出来,让我放书包里带回去。我觉得很无语,就跟她讲:"你确定你没扇我吗?"然后就又扯到这件事上了。她就说她没扇,然后我们开始争执。我说:"你扇了,我脸痛了两天。"她说:"我就没扇你。"我说:"把监控调出来,把监控调出来就好了。"她说:"监控调不了。"我说:"你上次也说监控调不了,遇到我的事就说监控调不了。"

她就跟我妈妈说"你儿子满口假话、谎话连篇,欺骗老师,不诚实",又说我这个学期体育课没怎么去上过。我挺无语的,看着她说:"我什么时候没上体育课?"她说:"你就是没上体育课,体育老师打电话问我了。"我说:"你叫同学出来问。"她说:"不用问,我打电话给体育老师。"然后我妈妈就说,不用打了,没关系。

我又跟她吵起来了,当着我妈的面。我当时语气很不好,脸色也很不好。然后我妈妈就说:"你除了这个方式,还有没有其他的处理方式?"我妈说了几遍,我听出来意思了,就往前面走。

班主任就跟我妈在后面讲了一路,还站在车旁边讲了好多,后来又拉开副驾驶门坐车里讲我,感觉她就总是PUA

（打压）我，说我变成这样都是我的原因："你不这样对老师，老师会这样对你吗？"然后她还说："你要好好读书，你要回去好好反省，反省好了，再回来读书。"

陈瑜 上一周发生了这么激烈的冲突，你这一周其实也回不去了。
小琳 差不多。

陈瑜 你跟学校的冲突是从什么时候开始的？
小琳 应该是从小学五年级开始的，因为我有时候上课会跟同桌讲话之类的。

我记得五年级的时候，班主任那次突然就把书丢过来砸我，突然就在讲台上吼，骂人，意思是我有什么脸讲话。她突然那样挺吓人的，我当时就挺想哭的。

还有一件事情，有一次过道那边的同学跟我讲话，我们俩把脚放在过道，被人踹了一脚。当时那个老师就在讲台上面说："你看，你不去惹别人，别人怎么会踹你？"当时放学了她拖堂，一直就在那里说我的不对，一直在骂我。

陈瑜 你是不是觉得挺委屈的？
小琳 对，反正当时就哭了，然后把笔也掰断了。

陈瑜 你上课讲话被老师骂，你会想着说："那我上课就不讲话了。"对自己会有这样的要求吗？
小琳 会有，但是控制不住，我有多动症。我从小学二三年级开始就坐不住，坐在凳子上很难受，就不想待在教室里面，就一直想出去玩之类的。

三、学校关系

陈瑜　哦，你有多动症。那你要听课，又感觉坐着很难受，怎么办呢？

小琳　那也要一直坐在那里，但是课就没怎么听，偶尔听一下。

陈瑜　会影响你的成绩吗？

小琳　不会，小学老师就一直说我学习不够努力，如果努力了肯定成绩会特别好，就总跟我妈妈说，我在"瞟学"，就是偶尔学一下。

陈瑜　这说明你的学习能力还是很强的。你那个时候坐不住这件事，有跟妈妈和老师聊一下，取得他们的理解吗？

小琳　没有，主要当时我爸妈他们脾气就特别不好。我记得我小学的时候，我妈动不动就会发火吼我，我爸也是，有时候还会打我。

- 2 -

陈瑜　你还记得第一次自残是什么原因吗？

小琳　化学老师骂我。那天她上课，让我们站起来，因为我比较矮，可能被前面的人挡住了，她直接就说我没站。边上的人都说我站了的，只是她没看到，然后她就硬要我站到教室后面去。

我不敢跟她争，因为我妈妈说不要跟老师吵，跟老师吵架不好，然后我就站到教室后面去了。

她就在那儿骂我，用我们本地方言很难听的词骂我，说我总是被班主任叫去办公室谈话，又说我上课不遵守纪律。其实我上化学课是很遵守纪律的，因为我比较喜欢化学，就会比较认真地听。她就一直在讲我，骂了几分钟，当时我就挺委屈的，不知道为什么她会这样子，我当时就这样一直在想。那天晚上回到家我就拿了美工刀，第二天上课的时候划。

陈瑜 你在教室划？那不是同学们也都看得见吗？
小琳 对，我们班不只我，有挺多人都会这么做。

陈瑜 你们班自残的同学还不少，是吧？
小琳 对，不下10个。

陈瑜 所以你在那里用美工刀划自己，也不是非常突兀的事？
小琳 对，而且我们班还有喝消毒液的，喝了就去找老师请假，说抑郁症发作了，然后老师就觉得他们是故意不想读书。

陈瑜 在他们眼里，你有抑郁症，就是故意不想去读书？
小琳 不想读书，然后找的借口，都是因为自己懒，都是自己的原因，他们就认为不可能会有抑郁症什么的。

陈瑜 你什么时候觉得自己有抑郁的状态了？
小琳 初一的时候就有了，一直都是断断续续的那种。
我初中读的是我妈妈当老师的那个学校。那时因为我多动、坐不住，班主任一直针对我，然后就骂我，有时候在班上故意说一些内涵我的话，不会点我的名字，但是说的那些东西

三、学校关系　269

基本上都指向我。我后来受不了了，就跟他吵，去骂他，还会在教室里面当着他的面摔东西。

记得有一次，他罚我停课一周，后来我回班里，他又让我去办公室跟他谈话，谈了挺久。他说我如果想来读书那就回来，但不能让我这么轻易地回来，要在班上做检讨，还把我妈也叫过来。我在教室里做检讨，让我妈站在教室门口，做完检讨后，他就跟班上同学说："大家看，这个是×××同学的妈妈，他妈妈也是这个学校的老师。"我妈都不知道是什么事情就过来了，这时候她才知道，她当时很生气，就跟学校领导讲，觉得这个老师很不给她面子。

陈瑜　班主任这样针对你，会影响你和同学之间的关系吗？
小琳　会，当时班长会针对我，然后会打我，就当着全班同学的面把我拽出来，拖到教室外面。

陈瑜　她凭什么这样子对待你？
小琳　自习课的时候，很多人在讲话，但是她看到我讲话了，就会把我拽到教室外面，有时候还会打我。

陈瑜　你回去会告诉你爸妈吗？
小琳　不太记得了。后来她就没这么做过了，好像是班主任讲了她。

陈瑜　你在这个班上有自己的朋友吗？
小琳　有吧，我跟班上的人玩得都挺好的，只是跟班干部之类的可能就不会特别好。当时在班上也挺累的，老是哭、老是哭。

后来初一下学期换了个班主任，包容性强一点，管理也特别有方法，我们当时都特别喜欢她。后来她去高中部了，学校又招了一个老师当我们的班主任，教我们语文。她管理特别没有方法，教书也不会教，好像之前是某个培训机构的老师。

班干部每次都针对我，会故意跟班主任说一些没有发生过的事情。然后，班主任会把我和其他同学叫过去，问其他同学怎么了，问我怎么了，可我说的话她基本上是不听的，就说："你要是自己做好了，怎么会有这些事情呢？"我就会受不了，因为她每次都听别人的，不听我的，总是说我有问题，所以后来我也就跟她吵了。

我记得有一次吵了，她就在那里骂我，就一直骂我，好像说我小心眼，说我妈妈，好像还骂了我爸爸。当时我哭了，会有一种很震惊的感觉，很憋屈，就想去死。

陈瑜　那个时候自己的情绪状态就有点不好了吗？

小琳　对，爱哭，就会想着去死。因为当时总是跟我妈妈、老师他们吵架，后来慢慢地麻木了，吵累了，都会有点想去死。

陈瑜　有这样的一种心理，你有向谁求助过吗？

小琳　谁都没有求助过，因为当时想死这个念头很微弱，这段时间的感觉就会很强烈，但能控制自己不去干这些事情。只是还会有自残的倾向吧。

三、学校关系　271

陈瑜　初二又发生什么事情让你休学了？

小琳　就跟老师吵架，可能当时成绩也掉了很多。
　　　我妈妈一直想让我休学，后来我就跟她讲，算了吧，那就不去学校了。当时其实也挺无语的，因为我寒假作业都做完了。

陈瑜　我这里了解到的小孩子休学，都是孩子自己想休学，爸爸妈妈巴不得他们能去学校，为什么在你们家是妈妈想让你休学？

小琳　我妈妈是巴不得我不去学校，前段时间她又说让我休学。

陈瑜　你妈妈为什么要让你休学啊？

小琳　我不知道，想不通。第一次休学的时候，她好像说觉得我在学校待着也不开心，实在不行待在家里把身体养好也可以，毕竟她觉得身体第一。
　　　休了一个学期，后来我妈让我转到另外一所学校，重新读初二。我妈让我去这个班主任的班，是因为这个班主任以前跟她是同事，她老公以前在我外公手下工作。我妈比较信任她，就让我去她班上了。
　　　刚开始她对我确实是挺好的，但因为有一次我没有背书，她就说我。我是真的忘了背，她就叫我放学后去她办公室，当时我去了，没找到她。因为那天晚上放学要跑步，我就走了。后来她就又把我叫到办公室里面，就骂我，说我这个情况别来读书了，休学也可以，还抓着我的手拿教鞭抽了我三下。

当时我是挺生气的，但是我尽量控制住自己不去跟她吵。而且在这之前，她也找我谈了好多次话，我基本上都是说好，我会改，然后也在慢慢改。后来我哭了，因为她抽了我，还在那儿骂我，还跟我妈一样，总是说让我别去读书，让我在家里面，说我这样子有什么资格读书。

陈瑜　这个班主任对你的意见是什么呢？

小琳　她觉得我在班上带了坏头，因为有时候我可能会上课讲讲话，她就受不了。偶尔我会课间去买东西，就会迟到一会儿，只迟到几秒钟，差不多老师刚进班里，我就进去了，刚好她也来班上了，就会以为我一直在外面没有进班。

因为发生了好多次，所以她就说我，说我在以前那个学校待不下去了才来这个学校，现在也待不下去了，说我这个样子别读书了，我没有资格在她班上读书，让我妈妈给我转班，又说这个学校没有一个班主任会要我了。她最后一次找我谈话是让我转班，我说不是说没有班主任要我吗，她说她是乱讲的，让我不要当真。

-4-

陈瑜　你给妈妈写求助信，是这个学期的事情是吧？

小琳　就前段时间的事情。

陈瑜　你怎么会想到给妈妈写一封信的？

小琳　因为当时跟她的沟通已经很不好了，没有商量的那种感觉了。那几天班主任给她添油加醋讲了我很多事情，她又不太相信我说的话。当时我很无助，就给她写了一封信。

陈瑜　你在信里边想让妈妈来帮帮你，你希望她帮你什么？
小琳　应该是让她帮助我走出来。
　　　当时感觉有点抑郁，去看了医生，本来让我去做个心理测评，我妈又不让我做，说我那段时间情绪波动很大，做了的话，评估出来的要比真实情况严重很多。第二次做完心理咨询后，我去问医生，医生说暂时不需要做，因为这段时间情绪稳定下来了。

陈瑜　那诊断结果是啥？
小琳　不知道，我看我妈给老师说的是轻度抑郁吧。

陈瑜　现在在吃药吗？
小琳　吃了，那个药有点效果，情绪不会那么波动了。
　　　最近一直犯困，上课要趴在桌上睡觉，也不知道为什么，晚上其实是睡够了的。他们会觉得我是故意这么做的，但其实我是真的好困。可能跟吃药有关，但是我没跟他们讲。

陈瑜　这个星期在家里过得怎么样？
小琳　不太好吧，也老吵，吵几次了。

陈瑜　又为什么事情吵呢？
小琳　我妈说我上学这件事情不知道怎么办了，就又在讲我，就说

"都是你没有改变自己的认知",总是说这句话。我一下子情绪就上来了,很激动,就说你总是说认知、认知、认知,她就说我吼她。

陈瑜　她认为你的认知有什么问题?

小琳　我觉得老师做这些都是错的,他们全都是错的,我觉得我这样子做才是对的。她说我的认知就是这样的。

陈瑜　你妈妈说你认为老师这么做是错的,是你的认知有问题。你能不能告诉我,你是怎么看待过去这些年发生的这些事的?

小琳　我知道我确实有问题,而且现在我已经比以前要好得多了,他们也这样讲。我妈可能觉得我认为都是老师的错,但其实我并不是这样想的。有时候我做事情惹她生气了,她就会觉得我是故意让她生气,想让她去死。当时我还很小,我都不知道这些东西,她就会说我想让她去死。

陈瑜　所以你会觉得很委屈,也会觉得很恐慌?

小琳　对。

陈瑜　这一次和老师发生冲突,被老师扇了,回到家里,你得到爸爸妈妈、外公外婆的支持和理解了吗?

小琳　可能会有,但是他们说话的方式不太好,可能因为家庭氛围就是比较情绪化一点。

陈瑜　你期待什么样的家庭氛围?

三、学校关系　275

小琳　比较和谐一点，说话的方式稍微好一点，不要总是太情绪化，也不要总是说去死之类的，也不要总吵架吧。

陈瑜　就当下来说，你需要什么样的支持？
小琳　让他们多相信我一点吧。班主任讲的话和我讲的，基本上是对不上的。

陈瑜　你当时怎么会想到要来做"少年发声"的？
小琳　我可能就觉得有很多事情跟心理医生不太好讲，然后跟妈妈也不太好讲，但是我又没有一个可以倾诉的地方。
　　　当时我妈把《少年发声》这本书丢过来让我看看，我看了一遍后，就翻到最后一页，看到了你给的留言，我觉得应该找你试一下，然后就加了你的微信。

陈瑜　你期待不期待我把这篇稿子整理出来之后，妈妈能看到，能够理解到你？
小琳　有点。

采访手记

永远选择与孩子并肩

我心里一直记挂着小琳,后续一直跟他妈妈保持着联系,和她说:"其实孩子的脑子很好用,如果他能碰到理解他的老师,就会顺很多。他在访谈里提到有一年班主任就很包容,不过后来换了。"小琳妈妈回复说:"是的,但是他遇到的好老师不多,他没办法去和自己不喜欢的也不喜欢自己的老师相处。"

这太为难孩子了吧,我不认同。"理论上是老师包容孩子,让孩子包容老师,不合理。"我提醒说,小琳"需要包容他的环境,遇到理解包容他的老师,他会焕发光芒的"。

我常常会心疼今天的孩子。在家里,他们需要包容父母;在学校,他们需要包容老师。那么,谁来包容孩子呢?多少孩子在焦虑、抑郁中呼号,中断学业是他们不得已采用的决绝的方式,让大人们正视:很多事情错了,我出状况了。

这本书看到这里,你应该能料到我会说什么:**厌学的孩子**,非常反感父母在这个当下想方设法让他们复学,**他们真正需要的是父母有能力把他们从泥潭里打捞出来,和他们并肩作战,把成长道路上的障碍物一一清除**。

回到原点,无条件地爱孩子,接纳孩子本来的样子,用我们最大的能量去托举他们,尤其在他们跌到低谷时。

每一次跌倒,都有礼物,捡起它,放在行囊里,人生很长。

后　记

　　看过本书，你可能和我有同感，其实没有一个学生真正意义上厌恶学习，他们厌恶的实质上是过度的学习压力，以及与此伴生的各种人际关系问题。于是，他们选择背弃，很难说全然没有道理。

　　当下，人工智能呼啸而来，我们长达十数年操练孩子的专项应试技能，但这些技能正肉眼可见地被机器全面碾压，而机器不能轻易取代的人之所长，比如创新能力、审美能力、人际交往能力等，却没有机会生长出来。

　　看着孩子，让我们把时间的尺度拉宽一点，想象他们35岁的样子，而不是紧盯着18岁考进哪所学校。关于什么是好的教育，什么是孩子在成长过程中需要具备的核心素养，你会不会因此得出不一样的结论？

　　让学习回归和顺应人之本性，我们的孩子才能勇于成为自己，无惧不确定的未来。

　　让我们一起去探寻和拓展无穷的可能，看看能开凿出怎样的出路。无论你是学生、家长还是老师,如果有话要说,都可以关注下方"少年大不同"公众号。

最后,感谢所有参与"少年发声"的孩子,你们的真诚和信任,我视若珍宝;感谢我的伙伴刘斐雅、李敏岚、黄鑫鑫、张彩云、顾学文;感谢读客的编辑梁皓、王小月、祝艺菲、刘芬;感谢我们家的老丁和小丁子,与你们在人生路上一起打怪升级,真是妙不可言。

陈 瑜
2024年春

扫描下方二维码

发送暗号:少年发声

我是陈瑜
我一直在